*Karl Stöpel*

# Eine Reise in das Innere der Insel Formosa

weitsuechtig

Karl Stöpel

**Eine Reise in das Innere der Insel Formosa**

ISBN/EAN: 9783956560712

Auflage: 1

Erscheinungsjahr: 2013

Erscheinungsort: Bremen, Deutschland

@ weitsuechtig in Access Verlag GmbH. Alle Rechte beim Verlag und bei den jeweiligen Lizenzgebern.

Cover: Foto © Kailing3 (Wikipedia)

weitsuechtig

Dr. K. Th. STÖPEL

# Eine Reise in das Innere der Insel Formosa

## und die erste Besteigung des Niitakayama (Mount Morrison)

WEIHNACHTEN 1898.

## Inhaltsverzeichnis.

|  |  | SEITE |
|---|---|---|
| 1.) | **Die politische und wirtschaftliche Gestaltung Japans**....... | 5-6 |
| 2.) | **Die Bedeutung der Insel Formosa**...... | 7 |
| 3.) | **Die Geographie des Landes.** — Flächeninhalt. — Einwohnerzahl. — Geologie. — Die höchsten Erhebungen....... | 8-10 |
| 4.) | **Die Geschichte Formosas.** — Malayen, Chinesen 605 n. Chr. — Sesshaftigkeit der Malayen und Aufhören des Zuzuges. — Eroberungsgelüste der Chinesen im 12. Jahrhundert. — Die Hakkas. — Chinesische un Japanische Piraten. — Ankunft der Europäer im 16. Jahrhundert. — Die Japaner unter Iyeyasu. — Die Holländer im 17. Jahrhundert. — Die chinesischen Seeräuber unter Koxinga. — Die Ohnmacht der holländisch-ostindischen Kompagnie. — Der Abzug der Holländer. — Formosa 1683 mit der Provinz Fukien unter einem chinesischen Vicekönig. — Formosa unter dem Einfluss des europäischen und amerikanischen Handels. — Absichten der Franzosen. — Formosa 1885 als selbstständige chinesische Provinz unter Liu-Ming-Chuan. — Formosa 1894/95 unter japanischer Herrschaft...... | 11-16 |
| 5.) | **Meine Reise in das Innere der Insel.** — Professor Dr. Houda's Expedition im Jahre 1896. — Die vergeblichen Versuche der Engländer Dodd und Pickering ins Innere der Insel einzudringen. — Meine Landung in Kilung. — Reise nach Twatutia. — Taipeh, jap. Taihoku. — Teksham. — Mali. — Houlotun. — Chonghoa. — Poatau. — Linkipo. — Die Eingeborenen vom Arisonstamm im Präfekturgebäude ..... | 17-42 |
| 6.) | **Die Vorberge des Niitakayama (Mount Morrison).** — Aufbruch am 15. Dezember 1898. — Die Dörfer Sintsia-Taisuikutsu. — Die Kampferindustrie. — In der Pepuraschlucht. — Durchquerung des Tinlankeflusses. — Malariakranke. — Wildenansiedlung Sotkuram. — Namakama. — Horsia. — Tombo... | 42-58 |

|  | SEITE |
|---|---|

7.) **Die Besteigung des Niitakayama.** — Tropische Vegetation. — Der Tombo und Tanofluss im Urwald. — Pattakwanwasserscheide. — Im Flussthal des Paffasassun. — Der Toaronshiastamm. — Schlechtes Wetter. — Rückkehr nach Tombo. — Besuch beim Dorfältesten in Saigo. — Wiederaufbruch von Tombo mit 5 Eingeborenen. — Eine Weihnachtsfeier im Urwald. — Die eigentliche Besteigung. — Die Berge: Ninaff, Cincau, Hassumbuto, Heismat, Hatuk, Mamango, Hattatau, Tiboau, Cisoque. — Die Saitospitze und Auffindung der japanischen Flagge. — Auf der höchsten Erhebung des Niitakayama...     59 - 92

8.) **Der Abstieg vom Niitakayama** und die Rückreise nach Twatutia über Tombo Chip-Chip, Linkipo, etc., etc.. 93 - 103

9.) **Die Zukunft Formosas unter japanischer Herrschaft** . . . . . . . 104

# Eine Reise in das Innere der Insel Formosa

### und die erste Besteigung

## des Niitakayama (Mount Morrison)

---

Der russisch-japanische Land-und Seekrieg, der mehr als ein Jahr im fernen Osten Asiens wütete, hat das allgemeine Interesse für die dortigen Verhältnisse von Neuem mächtig angefacht.

Jede europäische Nation, welche ihre Lebensfähigkeit durch Expansionskraft im internationalen Handelsverkehr beweist, findet daselbst ein ausgedehntes Gebiet von grossem Reichtum, dessen Bewohner infolge ihrer Abgeschlossenheit und eigenartigen Kultur mit den Europäern nur wenig in engere Beziehungen getreten sind und dessen Erschliessung sowohl in politischer wie in wirtschaftlicher Hinsicht von der grössten Bedeutung sein wird.

Interesse voraussetzen darf daher ein Thema, welches auf eigenen Anschauungen beruht und zum Teil ein noch unerschlossenes Gebiet behandelt, in welchem neben mongolischen auch malayische Völkertypen auftreten, die seit langer Zeit in der wissenschaftlichen Welt das grösste Interesse erregten.

Die Umwandlungen in der japanischen Volks-und Staatswirtschaft der letzten Jahrzehnte bedeuten für Japan ein neues Zeitalter.

Zwei und ein halb Jahrhundert hindurch entbehrte dieses Land eines politischen Systems. Der Absperrung nach aussen und dem Despotismus im Inneren ist mit der sogenannten Restaurationszeit im Jahre 1868 eine Neuerungssucht gefolgt, die sich auf allen Gebieten des politischen und wirtschaftlichen Lebens abspielt. Mit vulkanischer Gewalt hat sich das stark entwickelte Temperament des Japaners Bahn gebrochen. Bei genauer Beobachtung finden wir in dieser neuen Entwicklungsperiode neben dem Altüberkommenen oft das Neuangenommene in krassem Widerspruch. Die höheren Klassen des japanischen Volkes, wozu auch der alte Samurai-oder Adelsstand gehört, beherrschen mit ihren Anschauungen und ihren Idealen das öffentliche Leben. Dieser Stand hat auf seine bisherigen politischen Vorrechte freiwillig Verzicht geleistet und sie dem Mikado als höchste Staatsgewalt allein überlassen.

Es ist eine irrige Ansicht, wenn man glauben wollte, dass der Japaner nun in der kurzen Zeit von kaum 40 Jahren europäisiert worden sei. Im Gegenteil, im täglichen Leben, in der Familie, zu Hause, in seinen Sitten und Gebräuchen, in seiner Religion, seinen Weltanschauungen, in seinen Vergnügungen, in seiner Kunst, fast überall ist er seiner alten Kultur treu geblieben. Der momentane Entwicklungsprozess Japans wurde nur für die wirtschaftlichen und sozialen Verhältnisse durch die Berührung mit der Aussenwelt hervorgerufen, keineswegs war es ein blosses Nachahmen Europas. Hierzu kommt noch das brennende Verlangen Japans, unter den übrigen Kulturvölkern der Welt gleichberechtigt dazustehen. Es ist nur die Einheitlichkeit seiner Kultur gegenüber der russischen, die unserem neuerstandenen, ostasiatischen Konkurrenten zum ersten Male zum Siege über eine europäische Macht verholfen hat. Stolz erhebt sich im fernen Osten Asiens die japanische Sonne über den an der koreanischen Strasse bei Tsu-shima erloschenen Stern russischer Macht.

Während meines Aufenthaltes in Japan in den Jahren 1897-1899 unternahm ich auch eine Reise nach der Insel Formosa, um dort Land und Leute aus eigener Anschauung kennen zu lernen. Diese Insel hat in ihrem bisherigen

Entwicklungsgange in der Geschichte schon eine grosse Rolle gespielt und dies wird, wegen ihrer günstigen geographischen Lage auch in Zukunft der Fall sein.

In früherer Zeit waren es die Portugiesen, Spanier, Holländer und Chinesen, welche dieses äusserst fruchtbare Land besetzt hielten. Zuletzt im tonkinesischen Feldzuge, Mitte der 80er Jahre, waren es die Franzosen, welche aus dieser Insel eine französische Kolonie zu machen wünschten, bis sie endlich nach Beendigung des japanisch-chinesischen Krieges in den Jahren 1894/95 dem Sieger als Kampfpreis zufiel und heute einen Teil des japanischen Reiches bildet.

Sowohl in strategischer, wie in komerzieller Beziehung giebt es keine zweite Insel, die so günstig gelegen ist wie Formosa. Wie ein Blick auf die Karte zeigt, bildet sie, auf dem Wege zwischen Nord-und Südchina gelegen, einerseits einen Ruhepunkt für den Handel, andrerseits wird sie bei kriegerischen Veranlassungen der japanischen Kriegsflotte einen Halt und eine Operationsbasis gewähren gegen alle Angriffe, die von europäischen Staaten von Süden aus erfolgen.

Aber auch das Land als solches bildet einen Besitz von nicht zu unterschätzendem Werte und seine Vorzüge werden aus den folgenden Zeilen noch deutlicher hervorgehen.

Ich werde zunächst auf die Einzelheiten der geographischen Bedingungen, unter denen sich Formosa befindet, eingehen, dann einen kurzen geschichtlichen Abriss geben und zum Schluss über meine eigene Expedition in das Innere der Insel berichten.

Formosa, einschliesslich der Pescadores und der angrenzenden Inselchen, hat einen Flächenraum von 34,980 qkm., ist also etwa so gross wie das Königreich Sachsen und Württemberg zusammengenommen. Die Bevölkerung beläuft sich auf annähernd drei Millionen, darunter $2\,^3/_4$ Millionen Chinesen, 30.000 Japaner und schätzungsweise 200.000 Wilde. Seitdem sich die Insel in japanischem Besitz befindet, ist die Bevölkerungszahl in starkem Wachstum begriffen.

Was die Kenntnisse über Formosa im Allgemeinen betrifft, so sind dieselben noch recht dürftig und unzuverlässig. Viel ist zwar von den christlichen Missionaren zur Aufhellung des Dunkels, welches über der Insel ruht, gethan worden; aber gerade für exacte wissenschaftliche Studien ist hier noch ein weites Feld. Auf's wärmste anzuerkennende Erfolge hatte der vor einigen Jahren verstorbene englische Missionar Dr. Mc. Kay.

Formosa ist eine kontinentale Insel, d. h. sie liegt mit auf dem sogenannten Festlandsockel und wurde erst in verhältnismässig junger geologischer Vergangenheit, nämlich während des Tertiärs durch Absinken des dazwischenliegenden Landes von dem Kontinente getrennt. Ein solches Absinken fand damals entlang der ganzen Küste Ostasiens statt und zwar beginnend mit der Südspitze von Kamschatka und entlang der Kurilen, Japan, Liukiu, den Philippinen, Borneo und Sumatra.

Formosa liegt gerade in der Mitte dieser Linie, welche einst die Ostgrenze des asiatischen Kontinents bildete. Das Ochotskische, das Japanische, das Gelbe und das Chinesische Meer, mit der sogenannten Fukien — oder Formosa—Strasse sind in damaliger Zeit entstanden uud bedecken jetzt die abgesunkenen Landgebiete. Mit dem Festlande ist Formosa noch durch eine unterirdische Bank verbunden, die nur 600 m. tief ist, während nach dem Ocean zu die Tiefe bis auf 6000 m. und mehr bis zu den noch unerforschten Tiefen des Grossen Oceans hinabreicht.

Durch eine derartige Erdbewegung ist also Formosa entstanden und nach den vorhandenen Anzeichen muss es sich dabei um eine geringe Niveauverschiebnng bis zu 600 m. handeln, denn während dieser Periode bauten die Korallentiere auf ihrer Oberfläche eine Bank von beträchtlicher Ausdehnung. Dann erfolgte eine plötzliche Erhebung und unter vulkanischen Ausbrüchen trat Formosa an das Licht des Tages. Die Korallen wurden bis auf die Bergspitzen emporgehoben und dann in gewaltigen Massen herunterstürzend, an den Seiten abgelagert. Schwere Regengüsse und peitschende Stürme führten sie als Trümmer hinunter zum Meere. Noch in einer Höhe von 600 m. werden Ueberreste gefunden, die zusammen mit den Korallenriffen, die unter Wasser rings um die Küste ausgebreitet sind, die Bewegungen und Veränderungen in vorhistorischer Zeit bezeugen.

Im einzelnen die geologische Bildung der Insel zu schildern will ich mir versagen, schon deshalb, weil wir vielfach nur ungenau darüber unterrichtet sind; nur in grossen Zügen soll das Bild entworfen werden. Die vulkanische Tätigkeit hat, wie gleich von vornherein bemerkt sein mag, bei dem Aufbau der Insel eine geringe Bedeutung. Nur vereinzelt sind derartige Ausbrüche erfolgt und immer nur lokaler Natur gewesen. So haben wir in Nord-Formosa einen längst erloschenen Vulkan, den sogenannten Vulkanberg und wenige Meilen von Taipeh entfernt, eine Anzahl Schwefelquellen, die von den Japanern in primitiver Weise ausgebeutet werden. Auch die Gewinnung der Kohle und des Petroleums geschieht vorerst nur in kleinen Betrieben. Gegen die mächtige Produktion von Amerika und Südeuropa kann sie selbstverständlich nicht konkurrieren und bilden diese natürlichen Reichtümer des Bodens daher keinen nennenswerten Exportartikel.

Der Gebirgsrücken, welcher die länglich gestreckte Insel in der Längsrichtung und zwar mehr am Ostrande durchzieht, wird der Hauptsache nach aus Schiefer und den verschiedenartigsten Gesteinen gebildet. Auf der Nord-Nordost und Westseite giebt es eisenthon-und kieselhaltige Sandsteine, untermischt mit kohlenführendem Quarz. Die östlich vorspringenden Klippen lassen schön geformte Gneiss-und Grauwackensteine erkennen. Gold wird vorläufig nur im Norden planmässig ausgebeutet. Seine Gewinnungsstätten sind Regierungsdomänen, die verpachtet sind. Dieses Edelmetall findet sich in Gängen im Gestein der südöstlich von Kilung gelegenen hohen Berge der Nordküste Formosas und im Sande des Kilungflusses. Der nach eingezogenen Erkundigungen zwar nicht besonders gewinnbringende Bergwerksbetrieb ist auch anderen Orts in jüngster Zeit z. B. an der Ostküste, an der Mündung des

Karenko-und Pinanflusses eröffnet worden. Die Goldwäscherei in diesen Flüssen geschieht mittels Handarbeit durch die Chinesen, während im Gebirge zwei Bergwerke von den Japanern betrieben werden, deren Anlagen jedoch zu klein sind und sich erst rentieren werden, wenn sich die japanische Regierung entschliesst, durch Heranziehung von ausländischem Kapital in grösserem Stile das Ausbeuten der in Frage kommenden Flüsse zu betreiben.

Während einer Fahrt längs der Ostküste bemerkt man, wie das Gebirge unmittelbar an die Küste herantritt. Als höchste Erhebung finden wir hier, fast unter dem Wendekreis des Krebses gelegen noch 40 km. von der Ostküste entfernt, den von mir am 2. Weihnachtsfeiertage 1898 bis zur höchsten Erhebung zuerst bestiegenen 4050m hohen Mt. Morrison, so benannt nach einem englischen Schiffskapitän, der ihn vor etwa 100 Jahren erwähnte. Die Japaner nennen ihn jetzt «Niitakayama», d. h. der «neue hohe Berg».

Im Norden haben wir einen bis jetzt noch unbestiegenen Berg, den Mt. Silvia, 3700 m. hoch. Die nach Westen zu vorgelagerten Berge des Hauptgebirgsstockes sind bedeutend niedriger und haben eine durchschnittliche Höhe von 1000-3000 m.

Bei meiner Expedition nach dem Mt. Morrison ist es mir geglückt, in einem Gebiete, das bis jetzt als unerforscht galt, noch bedeutende Erhebungen von durchschnittlicher Höhe von 3500 m. zu konstatieren. Diese Berge, etwa 10 an der Zahl, führen die Namen der an ihren Abhängen wohnenden Wildenstämme, die der Kopfjagd obliegen, worauf ich noch ausführlich weiter unten zurückkommem werde

Dem grösseren gebirgigen Teil Formosas ist im Westen eine breite fruchtbare Ebene vorgelagert, die aus dem Tertiär stammt. Diese geographisch begründete Zweiteilung der Insel muss man auch für das Verständniss des Kulturlebens der Bevölkerung im Auge behalten und sie ist hier von wesentlicher Bedeutung. Denn das östliche Gebiet, ein wildes schwer zugängliches Gebirgsland, steht der westlichen Ebene gegenüber, welche zu betriebsamen Ackerbau einladet. Auch in ethnischer Beziehung ist hier ein Gegensatz, denn in dem gebirgigen Osten finden sich, wie schon erwähnt, noch die wilden malayischen Ureinwohner, während sich in der Ebene die Chinesen mit ihren verschiedenen Mischstämmen und Abzweigungen niedergelassen haben. In diesem Gegensatze hat sich auch die ganze innere Geschichte Formosas abgespielt und dieser ist noch jetzt von Bedeutung. Darum darf ich wohl nun etwas auf die Geschichte der Insel eingehen.

Als Geschichtsschreiber Formosas müssen wir wohl einen Deutschen, Professor Dr. Ludwig Riess, bezeichnen, der zuletzt an der japanischen Universität in Tokio tätig war. In den Mitteilungen der deutschen Gesellschaft für Natur-und Völkerkunde Ostasiens [1] hat er in sehr gedrängter und sachlicher Weise im Gegensatz zu anderen Autoren, die ich dabei im Auge habe und welche diese Gelegenheit niemals vorübergehen lassen können, ohne die unglaublichsten Räubergeschichten zu erzählen, eine Darstellung der Geschichte von Formosa gegeben, die von kritischem Geist zeugt und der ich mich nur anschliessen kann.

In der ältesten Zeit haben die Chinesen die heutigen Riukiu- Inseln, nordöstlich von Formosa gelegen, und Formosa selbst unter dem Gesamtnamen Riukiu zusammengefasst. Diese merkwürdige Tatsache, dass sie die ihnen nur bekannte West- und Nordküste Formosas nicht etwa mit den benachbarten Pescadores, sondern mit den entfernten Riukiu-Inseln, deren nächste 70 Seemeilen entfernt liegt, zusammen mit Riukiu bezeichneten, erklärt sich daher, dass sie in der Periode vor 600 n. Chr. dort in Formosa ein Volk vorfanden, das von den nördlichen Inseln gekommen, sich des Zusammenhanges mit den zurückgebliebenen Bewohnern des Archipels noch bewusst war und sich selbst Riukiu oder so ähnlich nannte. Von dieser Tatsache ausgehend sowie durch gewichtige Gründe bewogen ist man nun zu der Annahme gelangt, dass sich Einwohner der heutigen Riukiu Inseln in früherer Zeit, von Norden herkommend, im Norden der Insel angesiedelt und allmählich die ganze Insel in Besitz genommen haben. Ueber die Be-

[1]. Siehe Band VI Seite 406 u. f.

schaffenheit dieser Ureinwohner lässt sich aus damaliger Zeit nichts bestimmtes sagen: ob es Negritos oder sonst was gewesen sind, man weiss es nicht. Sie standen mit den Chinesen in Beziehung und bezahlten an den chinesischen Kaiser Tribut. Dann kamen in der zweiten Hälfte des 6. Jahrhunderts n. Chr. von Süden her Scharen von uncivilisierten Malayen auf ihren primitiven Bambusflössen nach der Insel und brachten durch ihre Eroberungszüge die ganze Ebene des Westens in ihre Gewalt. Als die Chinesen 605 n. Chr. zur Wiederherstellung der abgebrochenen Beziehungen auf der Insel landeten, fanden sie Westformosa bereits im Besitze der Malayen, welche es erobert und die alten Ureinwohner teils vernichtet, teils in die Berge gedrängt hatten, wo diese allmählich ausgestorben sind. Mit den letzten Resten derselben hatten es die Holländer zu thun. Mehrere Versuche der Chinesen zur Eroberung der Insel schlugen fehl, und infolgedessen wurde diese nachher ganz sich selber überlassen. Die neuen Herren, die Malayen, waren, wie noch heute, in Clans eingeteilt, die sich im gegenseitigen Kampfe um ihre Jagdgründe befinden. In dieser Zeit der Isolierung, also in den Jahren 600-1000, sind nun die Malayen im Zusammenhange mit der Annahme des Reisbaues, den sie hier kennen lernten, zur Sesshaftigkeit übergegangen. Der Zuzug malayischer Ansiedler muss aber, nachdem er einige Zeit in grossartigem Masstabe fortdauerte, doch sehr früh unterbrochen worden sein. Den Formosanern war später selbst die Tradition der Herkunft vom Süden abhanden gekommen. Solche Seeräuber, wie die südlichen Malayen, sind die Formosaner wegen ihrer primitiven Schiffstechnik nie gewesen.

Abgesehen von einem vereinzelten Ueberfall der chinesischen Provinz Fukien in der 2ten Hälfte des 12. Jahrhunderts, schlugen alle Eroberungsgelüste der Chinesen auf Formosa fehl. Aber eine chinesische Völkerschaft war es doch, welche schon in damaliger Zeit festen Fuss fasste. Die heimatlosen Hakkas waren im kontinentalen China umherziehende Händler und Industrielle, die nicht wussten, wo sie herstammten und wo ihre Väter begraben waren.

Deshalb verfielen sie der Verachtung der auf ihre gefestigten Familienbeziehungen so stolzen Chinesen und konnten die Konkurrenz mit den heimatberechtigten Händlern und Handwerkern nicht mehr aufnehmen. Sie wanderten daher in grosser Zahl nach Formosa hinüber, wo sie sich als Ackerbauer, Schmiede, Kaufleute eine bessere Existenz schufen. Ihrer bedienten sich später die Holländer als Dolmetscher im Verkehr mit den einheimischen Häuptlingen.

In dieser Zeit wurde Formosa auch ein Hauptsitz der Seeräuber. Vor allem der Hafen Kilung bot ihnen eine bequeme und sichere Zuflucht und von hier aus überfielen sie die Handelsdschunken, welche vorbeifuhren. Die gefährlichsten unter diesen Piraten waren die Japaner, mit denen vom Kaiser von China aller direkter Handel verboten wurde. Deshalb musste sich der Verkehr über die neutralen Märkte erstrecken und unter diesen war Formosa von der grössten Bedeutung.

Nun begann die Zeit des 16. Jahrhunderts und mit ihm kamen auch die Europäer nach der Insel, zuerst die Portugiesen, welche der Insel ihren Namen gegeben haben: «Ilha Formosa» d. h. «die schöne Insel». Durch die Nachrichten der Jesuiten haben wir auch Kunde von einem ersten Versuch der Japaner in dieser Zeit die Insel zu erobern, und zwar geschah dies unter dem japanischen Anführer Iyeyasu im Jahre 1609. Aber dieser wie auch die späteren Angriffe der Japaner in den nächsten Jahren blieben erfolglos. Mit dem Beginn des 17. Jahrhunderts kamen die Holländer in diese Gewässer und suchten nach einem geeigneten Stützpunkt für ihren Handel mit China und Japan. Nachdem die geplante Ueberrumpelung von Macao misslungen und auch die schon eroberten Pescadores-Inseln aus Furcht vor einem chinesischem Rachezuge wieder aufgegeben waren, setzten sie sich 1624 in Taiwan auf Formosa fest, wo sie das Fort Zelandia errichteten, dessen Trümmer noch heute als Erinnerung an die holländische Herrschaft emporragen.

Aber auch die Spanier brachten ihre Absichten auf formosanischen Besitz schnell zur Ausführung, indem sie 1626 die Insel und den Hafen Kilung besetzten und ihre Herrschaft bis westlich nach Tamsui ausdehnten. Doch diese spanische Besetzung war von untergeordneter Bedeutung, noch dazu, da sie schon seit 1642 den Holländern eingeräumt werden musste. Diese dehnten nämlich ihre Herrschaft immer weiter aus, so dass sie auf dem Gipfel ihrer grössten Entfaltung 45 Stämme und 263 Dörfer umfasste. Mit der Handelsfreiheit auf Formosa war es seitdem natürlich vorbei. Auf Weisung von Batavia, der Hauptstadt des niederländischen Kolonialreiches hin, spielte sich der holländische Gouverneur energisch als Landesherr auf, schrieb Steuern aus, soweit seine Macht reichte und erhob hohe Zölle von allen ankommenden und abgehenden Waren. Hiergegen opponierten zwar die Japaner, die Hauptvertreter des gewinnbringenden Handels in diesen Gewässern, doch alle Versuche von ihrer Seite, wobei die Gestalt des japanischen Kapitains Hamada Yahei eine grosse Rolle spielt, blieben erfolglos.

Für die Zwecke der Verwaltung teilten die Holländer das in Besitz genommene Gebiet in 7 sogenannte «Politiken», den Eingeborenen liessen sie jedoch ihre kommunale Selbstverwaltung. Von der grössten Bedeutung für die Gewinnung und Ueberwachung derselben waren die holländischen Prediger, Krankenbesucher und Schulmeister, die ausser der Kunst des Lesens und Schreibens auch die Elemente der christlichen Religion lehrten. Den Hauptvorteil zog die holländisch-ostindische Kompagnie aus ihrem Handel mit den Formosa besuchenden Händlern und aus ihrer eigenen Faktorei in Japan und zwar sollen sich diese Gewinne auf mehrere 100000 Gulden belaufen haben. Dazu kamen die Einkünfte aus den Regalien und dem Kopfgeld, das die Chinesen zu zahlen hatten, ferner vervollständigten Einnahmen aus der Verpachtung der Jagd auf Hirsche und der Erlös aus dem Haifischfang das Budget der Kompagnie. Aber wenn die Holländer auch auf alle mögliche Weise Einkünfte aus der Kolonie zu holen suchten, so darf man andrerseits doch auch nicht vergessen, was sie hier Gutes gestiftet und wie sie sich um die

Verbreiterung der Kultur verdient gemacht haben. Den Anbau von Reis und Zuckerrohr suchten sie zu heben und die Einführung des auf Formosa fehlenden Arbeitsviehs ist ihnen zu danken; noch heute lebt die Erinnerung an ihre wohlthätige Herrschaft im Gedächtnis der Eingeborenen fort.

Längere Zeit hatten sich die Holländer mit den Seeräubern in der Strasse von Formosa gütlich geeinigt und sich mit ihnen in die reichlichen Erträgnisse von Handel und Seeraub geteilt. Als aber die Seeräuber, deren Anführer Koxinga war, unter der Mandschu—Dynastie aus China verdrängt wurden, kamen sie nach Formosa herüber, das sie mit Unterstützung der hier zahlreich angesiedelten Chinesen den Holländern leicht abnahmen. Die Holländisch-ostindische Kompagnie war nicht stark genug, um den Chinesen energischen Widerstand zu leisten. Aber so bald gaben die Holländer Formosa nicht auf. Sie verbündeten sich mit den Mandschus, vernichteten die Flotte der Seeräuber und zerstörten deren Sitze auf dem Festlande. Aber aus Formosa konnte Koxinga nicht vertrieben werden und hier mussten die Holländer schliesslich doch weichen und das Fort Zelandia übergeben. Hier richtete sich Koxinga und nach seinem frühen Tode sein Sohn Cheng-Ching seine Herrschaft ein, wenn es auch mit dem alten Glanz seines Hauses, der hauptsächlich auf Handel und Seeraub beruht hatte, vorbei war. Schon der Enkel des gewaltigen Seeräuberführers unterwarf sich freiwillig dem chinesischen Kaiser, indem er dadurch dessen auf Formosa gerichteten Eroberungsplänen zuvorkam. Seit 1683 war Formosa ein nur unbedeutendes Glied des grossen chinesischen Reichskörpers. Die Chinesen schufen auf der Insel keine besondere Verwaltung, sondern stellten sie mit der festländischen Provinz Fukien-zusammen unter einen Vicekönig. Formosa selbst wurde in drei Verwaltungsbezirke geteilt; das oberste Civil-und Militärkommando über die ganze Insel lag in der Hand eines Gouverneurs, der in Tainan residierte. Empörung gegen die chinesische Verwaltungspolitik und die Verzweiflungskriege der immer mehr in die Berge zurückgedrängten Eingeborenen gegen die Vergewaltigungen durch chinesische Beamte bilden seitdem bis zur Jetztzeit den Inhalt der Geschichte Formosas.

Als die Dampfkraft der Maschinen den Verkehr in unserer Zeit so ausserordentlich erleichtert hatte, trat Ostasien mehr in den Kreis der Interessen der Europäer. Zuerst waren es die Nord-Amerikaner, welche hier vergeblich ein Kohlendépôt zu errichten versuchten. Mit der Zunahme des Handels war es nötig, dass gewisse Plätze den Europäern von den chinesischen Behörden frei gegeben wurden, so Tainan und Tamsui und später wurde auch Amping, Kilung und Takao zu Vertragshäfen erklärt.

Mehrmals trat Formosa auch in neuerer Zeit im internationalen Streite hervor. So wäre es 1874 deswegen fast zum Kriege zwischen China und Japan gekommen. Mehrere Untaten eingeborener Stämme, besonders der Pattangs im Süden Formosas hatten, da China eine Verantwortlichkeit dafür ablehnte, die Japaner veranlasst, eine Expedition gegen die Missetäter zu unternehmen, welche auch von Erfolg gekrönt war. Da die Japaner sich weigerten, ohne Entschädigung von chinesischer Seite Formosa wieder zu räumen, so wurde nur durch Vermittlung der Europäer der Krieg zwischen beiden verhindert. Erwähnt sei schliesslich noch ausser den Plänen, die Deutschland an Formosa knüpften, dass auch Frankreich während des tonkinesischen Feldzuges 1885 die Insel zeitweise besetzt hatte. Doch führte diese Okkupation gewissermassen zu einem letzten Aufraffen der chinesischen Behörden: Formosa wurde jetzt selbständige Provinz, und ist unter der tüchtigen Verwaltung des Liu-Ming-Chuan durch Anlagen von Eisenbahnen, Strassen, Telegraphen etc. etc. sehr viel für die Hebung des Landes getan worden, allerdings unter starker Besteuerung der Bevölkerung.

Der chinesisch-japanische Krieg im Jahre 1894/95, der ja noch in aller Erinnerung ist, hatte dann das Resultat, dass Formosa an Japan kam, welches alle Massregeln zu einer durchgreifenden Kolonisation ergriff.

Während meines Aufenthaltes in Japan, wo ich mich studienhalber von Juni 1897 bis Mai 1899 mit Unterbrechungen aufhielt, unternahm ich auch eine Reise nach dieser Insel. Sie sollte zunächst nur den Zweck haben, über

Mann und Frau der Vonumgruppe

die socialen und wirtschaftlichen Verhältnisse möglichst genauen Aufschluss zu erhalten. Besonders aber war es noch die viel umstrittene Rassenfrage der Ureinwohner, für die ich mich besonders interessierte, da gerade von einigen Reisenden bezüglich ihrer Abstammung Behauptungen aufgestellt waren, die ich keineswegs teilen konnte.

Häuptling der Vonumgruppe mit Familie

Leute der Tsowgruppe (Arisoastamm)

Am bekanntesten sind die Angehörigen der Vonum und Tsoogruppe.

Unser deutscher Konsul in Formosa, Herr v. Varchmin, der im November 1898 in Japan zu seiner Erholung weilte, bestärkte mich in meinem Entschlusse und sicherte mir auch die Unterstützung des damaligen Generalgouver-

Nördliche Spitze des Mt. Morrison (Saitospitze)

neurs Baron Kodama, des späteren japanischen Kriegsministers, zu.

Und so trat ich an eine Aufgabe heran, die keineswegs eine leichte war und deren Lösung von vielen Zufälligkeiten, von Gefahren will ich hier nicht sprechen, abhing, zumal ich mir als Endziel die Besteigung des Niitakayama (Mt. Morrison) setzte, der sich unter dem Wendekreis des Krebses bis zu einer Höhe von über 4000 m. erhebt und in einem bis dahin fast noch vollkommen unerforschten

Gebiete liegt. Ausserdem war seine höchste Erhebung damals noch unerstiegen.

In der deutschen Gesellschaft für Natur—und Völkerkunde Ostasiens berichtete Dr. Honda, Professor der Forstwissenschaften in Tokio, über seine im November 1896 im Auftrage der japanischen Regierung unternommene Expedition in das Mt. Morrison-Gebiet. [1] Auch er hatte sich als Aufgabe die höchste Erhebung der Insel gesetzt, musste jedoch kurz vor dem Ziele umkehren, da er an Malaria erkrankte. Seine Expedition hatte jedoch insofern Erfolg, als sie reiche Sammlungen mit nach Hause brachte und zum ersten Male genauere Kenntnisse über die Flora des Mt. Morrisongebirges ergab. Einer seiner Offiziere, namens Saito, war sogar bis zu einem Punkte vorgedrungen, der nur noch wenige Meter unter dem höchsten Gipfel des Niitakayama-Gebirgsstockes liegt. Dort fand ich am 2. Weihnachtsfeiertage 1898 die von ihm deponierte japanische Flagge, die sich jetzt in meinem Besitze befindet und ein interessantes Stück meiner ostasiatischen Reiseerinnerungen bildet.

Früher, etwa 30 Jahre zurück, waren es die Engländer Dodd und Pickering (nach ersterem ist die Dodds Range in Nordformosa genannt), die vergeblich Versuche machten, die höchste Erhebung zu erreichen. Malariafieber, die feindlichen Wildstämme, die noch der Kopfjagd gleich ihren Vorfahren obliegen, und sonstige Schwierigkeiten, stellten sich in den Weg, vereitelten ihre Pläne und liessen sie nicht zum Ziele kommen.

So begab ich mich denn zunächst in Gesellschaft des deutschen Konsuls, Herrn v. Varchmin, nach Formosa, um wenigstens einen Versuch zu machen, etwas zur Erforschung dieser Insel beizutragen.

Nach einer sechstägigen stürmischen Ueberfahrt zur schlimmen Zeit des Nordostmonsuns landeten wir am 24. November 1898 im Kilunghafen. Am 21. und 22. November, zur Zeit der Einweihung des Iltisdenkmals durch Seine

---

[1] Siehe Band VI Mittheilungen der Deutschen Gesellschaft für Natur-und Völkerkunde Ostasiens, Seite 469.

Königliche Hoheit den Prinzen Heinrich hatten wir nicht weit ab von den Liuchiu-Insel einen Sturm zu bestehen, der beinahe unserem japanischen Dampfer verhängnisvoll geworden wäre. Aber trotzdem schon die erste Kajüte teilweise unter Wasser war, erreichten wir doch noch mit heiler Haut, wenn auch mit nassen Füssen den Haupthafen Formosas, Kilung, eine Stadt von etwa 10.000 Einwohnern. Es ist der einzige, welcher grösseren Dampfern den Eintritt gestattet, die aber immerhin noch 1 ½ km. vor der Stadt selber vor Anker gehen müssen. Der Hafen ist durch ein Fort befestigt, das Mitte der 80er Jahre durch die Franzosen unter dem Admiral Courbet besetzt war. Mitten in ihm liegt eine kleine Insel, Palmeninsel genannt, während die ringsum von Bergen eingefassten Ufer mit Bambus bewachsen sind. Der Hafen ist sehr schlecht und mangelhaft und das Landen während des Nordostmonsuns mit grossen Schwierigkeiten verbunden, da eine Mole gänzlich fehlt. Ausserhalb des Hafens sind zahlreiche Felsenriffe, an denen sich die Wellen brechen und ihren weissen Gischt zum Himmel emporsenden. Die stürmische See ging bei unserer Ankunft innerhalb des Hafens so hoch, dass die uns vom deutschen Konsulate entgegengeschickte Dampfbarkasse beinahe umkippte, wieder umkehren musste und uns erst nach beruhigter See, nach 24 Stunden glücklich an's Land brachte.

Ich befand mich gerade nicht in rosiger Stimmung, als ich in Kilung formosanischen Boden betrat. «Ilha Formosa!» dachte ich, wo bist du, du schöne Insel? Wo ist dein vielgepriesener blauer Himmel, für den die ersten Europäer so schwärmten? die Portugiesen nämlich, die der Insel den Namen gegeben, als sie vor mehr als 300 Jahren zum ersten Male die Küste befuhren und darüber in Entzücken gerieten. Mit grosser Spannung sah ich daher den Ueberraschungen entgegen, die meiner hier noch harren sollten.

Um von Kilung weiterzukommen, führte eine schon von Chinesen gebaute Eisenbahn etwa 100 km. bis nach Teksham, und die Japaner beabsichtigten sie weiter durch die Ebene mehr an der Meeresküste entlang bis hinab nach Tainan fortzuführen.

Twatutia mit Tamsuifluss

Hafen von Tamsui (Hobe)

Von Kilung fuhren wir also zunächst durch hübsche gebirgige Gegenden in etwa 1 ½ Stunden per Bahn bis Twatutia, der Geschäftsstadt der Europäer, die am Tamsuiflusse gelegen ist und von den Japanern mit Taidotei bezeichnet wird. Hier haben auch die fremden Konsulate ihren Sitz, nur das englische befindet sich in dem 14 km. flussabwärts entfernten, von mir ebenfalls besuchten Hafen von Tamsui, auch Hobe genannt. Im deutschen Konsulate nahm ich Wohnung und traf die Vorbereitungen zu meiner Reise

Deutsches Konsulat in Twatutia, am Tamsuifluss gelegen

in das Innere. Das Konsulatsgebäude schaut mit der Front nach dem Tamsuiflusse. Dieser war im Monat August 1898 während eines Taifuns aus seinem Ufer getreten und hatte sogar den Konsulatsgarten völlig unter Wasser gesetzt. Das Gebäude selbst war Eigentum des Grafen Buttler und an die deutsche Reichsregierung verpachtet. Unter der chinesische Regierung war der Besitzer im Norden Formosas stark finanziell an der damals florierenden Kampferindustrie beteiligt gewesen.

Taifune sind auf Formosa namentlich in den Monaten

Ueberschwemmte Strasse in Twatutia vom 7. Aug. 1898

Ueberschwemmte Strasse in Twatutia vom 7. Aug. 1898

Trümmer eines chinesischen Warenhauses vom 7. Aug. 1898, durch einen Taifun zerstört, wobei 11 Personen ums Leben kamen

Lagerhaus der amerikanischen Firma Smith, Baker & C°, zerstört durch den Taifun vom 7. Aug. 1898

August und September keine Seltenheit; sie richten oft an den Baulichkeiten grossen Schaden an und fordern viele Menschenleben, da sie meist auch mit grossen Ueberschwemmungen verknüpft sind. Die Hauptstrasse in Twatutia war während des Taifuns im August 1898 in einen grossen See verwandelt worden und unter den Trümmern eines Warenhauses, einem Chinesen, namens Hoikee gehörend, büssten während desselben nicht weniger als 11 Personen ihr Leben ein. Das Lagerhaus der amerikanischen Firma Smith, Baker & C.° am Tamsui-Flusse lag noch in Ruinen. Während meines Aufenthaltes in Twatutia waren noch überall die Verheerungen des Taifuns zu erkennen. Eine über 400 m. lange Eisenbahnbrücke über den Tamsuifluss war vollkommen zerstört.

Dicht bei Twatutia liegt die Stadt Taipeh, japanisch Taihoku genannt, welche von einer chinesischen Mauer umgeben ist. Auf nachstehendem Bilde sehen wir im Vordergrunde das Hospital, rechts abgeerntete Reisfelder, im Mittelpunkte die nach der Polizeistation führende Hauptstrasse, im Hintergrunde in südlicher und südöstlicher Richtung die Gebirgskette Nordformosas. Ausserhalb der Stadt auf einem Hügel befindet sich der botanische Garten mit schöner Aussicht. Ein anderer Stadtteil heisst auch noch Banka und ist von Chinesen wie von Japanern bewohnt. Die Gesamtbevölkerung von Taipeh, Twatutia und Banka beläuft sich wohl auf 118000 Einwohner und zwar sind davon 112000 Chinesen und nahezu 6000 Japaner (ohne militärische Besatzung). In Taipeh ist der Sitz des japanischen Generalgouverneurs, der meiner Expedition freundlichst gegenüberstand und mir eine militärische Eskorte durch das Rebellengebiet bereitwilligst für meine Sicherheit zur Verfügung stellte.

Durch Vermittlung des deutschen Konsulates erhielt ich einen Pass für ganz Formosa und ausserdem besondere Empfehlungen an sämtliche Polizeibehörden der Städte welche ich berühren würde.

Unsere Expedition, welche ausser mir zunächst aus den Dolmetschern Greiner und Ito, einem chinesischen Koch

Ansicht von Taipeh

und vier chinesischen Trägern bestand, brach also am 4. **Dezember 1898** von Twatutia auf und mit Benutzung der Eisenbahn kamen wir durch eine fruchtbare Ebene, in der Reis, Indigo, Zuckerrohr, die Eierpflanze, Erdnüsse, süsse Kartoffeln und Orangen gebaut wurden. Allmählich stieg das Terrain langsam an und die Bahn führt durch eine Hügellandschaft, deren Boden aus lössartiger, roter Erde bestand und die mit Theekulturen in den Thälern, mit Bambuspflanzungen und Föhrenbeständen auf den Höhen bewachsen war. Dazwischenhin zogen sich Schluchten mit üppigem Graswuchs. In einer Höhe von 150 m. etwa liegt die Station Tionglek. Der Charakter der Gegend blieb hier im Allgemeinen der gleiche, nur das entfernte Hügelland war unkultiviert. Gelegentlich bemerkte man einzelne Ziegelbrennereien und zum ersten Male auch die kleinen formosanischen Reiher. So erreichten wir die Station Tuaokan, die auf dem sogenannten Tafelberg, dem höchsten Punkt der Eisenbahn gelegen ist, und von hier bot sich eine weite Fernsicht namentlich auf die Berge: das Tokoham Gebirge und dahinter der noch nicht bestiegene Mt. Silvia und weiter südlich die Dodds Range. Am gegenüberliegenden Abhange des Tafelberges kamen wir nach Sinchiatau, wo die über den Kuhang Fluss führende etwa 300 Meter lange Eisenbahnbrücke durch den oben erwähnten Taifun zerstört und die weitere Benutzung der Eisenbahn infolgedessen unmöglich war. Der angerichtete Schaden war auch hier ein ganz ausserordentlicher. Die aus massivem Sandstein aufgeführten Grundpfeiler von der östlichen Seite der Brücke waren vollständig zerstört. Auf der anderen Seite, der westlichen, lag ein Teil der Brücke inmitten des Flusses und die eisernen Träger ragten aus dem Wasser hervor. Wir mussten daher die Reise zu Fuss fortsetzen und nahmen den Weg über eine provisorische Brücke nach dem 10 km. entfernten Teksham, dem eigentlichen Endpunkt der Bahn, einer mit einer Mauer umgebenen Stadt von 30.000 Einwohnern, wo wir nachmittags 3 Uhr anlangten. Kurz vor der Stadt passierten wir noch 4 chinesische Ehrenbögen, welche dem Andenken verdienstvoller Mandarinen gewidmet waren. In einem früheren chinesischen Gutshofe, jetzt zu einem japanischen Gasthause eingerichtet, nahmen wir Quartier. Der japanische Eigentümer, namens Toshika, erzählte uns unter anderem, dass im Mai 1898, bei Errichtung eines Kampferofens, die bei ihm beschäftigten Kulis von den eingeborenen Malayen geköpft worden seien. Auf unseren späteren Touren über-

Zerstörte Eisenbahnbrücke über den Kuhangfluss

nachteten wir, wenn irgend möglich, in japanischen Gasthäusern, die sich wesentlich durch ihre Reinlichkeit von den chinesischen unterscheiden.

Am 5. **Dezember** früh ½ 8 Uhr brachen wir von Teksham auf. Der Weg führte an der gut erhaltenen äusseren Stadtmauer entlang nach dem Bahnhofe, wo an Stelle der bisherigen normalspurigen Eisenbahn eine schmalspurige Feldbahn beginnt, auf der kleine Karren von chinesischen Kulis gezogen werden. Wir mieteten zwei solcher Karren, den einen für mich und meine Begleiter, den anderen für das Gepäck. Auf der Fahrt passierten wir Hongsan, Hongsankia und Tanhuia, wo die Wagen gewechselt wurden, und trafen viele chinesische Kulis, welche Kampferöl und Hanf auf Karren und Lasttieren nach den Marktplätzen führten. Als Haustiere hatten sie Ziegen und Wasserbüffel. Auffallend ist der Anblick, wenn die auf Formosa sehr zahlreichen Dohlen auf dem Rücken dieser Tiere, namentlich des Büffels, das Ungeziefer wegpicken.

Als angenehme Reisebegleitung gesellten sich uns in Teksham zwei japanische Militärärzte zu, welche nach Mali reisten, um dort malariakranke Soldaten für den Transport nach dem Militärhospital abzuholen.

Nachmittags 5 Uhr erreichten wir Mali und meldeten uns bei der japanischen Präfektur, die uns eine militärische Bedeckung zur persönlichen Sicherheit zur Verfügung stellte, da wir uns jetzt bereits im Gebiete der Rebellen befanden. Diese militärische Bedeckung wurde von Präfektur zu Präfektur abgelöst und je nach Bedarf verstärkt.

**Am 6. Dezember** früh ½ 9 Uhr verliessen wir, zum ersten Mal unter militärischer Bedeckung von etwa 12 Mann, Mali. Die Feldbahn führte zunächst auf die Höhe eines kleinen Plateaus von 200 m., auf dem sich ein japanischer Soldaten-Kirchhof befindet. Hier wollte Graf Buttler Reisbau betreiben, doch sein Plan einer künstlichen Bewässerung scheiterte an der Uneinigkeit der chinesischen Grundeigentümer, welche ihm viel Schwierigkeiten bereiteten.

Durch hügeliges Gelände hindurch passierten wir den Wani und Taikafluss. Diese, wie der noch später zu erwähnende Chonghoa befinden sich noch ganz im Naturzustande und setzen dem Reisenden oft grosse Schwierigkeiten entgegen, da die vielverzweigten Flussarme durch grosse Geröllmassen von einander geschieden sind und sich oft in einem Kilometer breiten Flussbette verlieren, das nur zur Zeit des Hochwassers ganz ausgefüllt ist. Der Weg und die Bahnstrecke führt über die Flüsse auf schmalen, schwankenden Stegen, welche durch ihre primitive Konstruktion für eine Bahn nicht ganz ungefährlich sind. Auf dem Steg über den Taika war tags zuvor ein japanischer Postzug von Rebellen überfallen und ausgeplündert und die militärische Bedeckung von 9 Mann niedergemacht worden. Das breite Bett des Taika, welches während des Hochwassers ganz ausgefüllt ist, hat sich tief in die lockeren Lössmassen eingeschnitten, welche dem Gebirgsstock von Formosa westlich vorgelagert sind. Auf dieser Strecke trafen

Shajostrasse in Taichu

wir viele Haselhühner und Schnepfen. Beim Passieren einer Polizeistation wurde unsere Bedeckung verstärkt, denn wir befanden uns nun mitten im Rebellengebiete. Mehrere Dörfer am Abhange des Gebirges standen lichterloh in Flammen, die ihren hellen Schein auf die dahinterliegenden Berge warfen. Inzwischen war es 7 Uhr Abends geworden, als wir nach einer Tagesstrecke von 40 km. in Honlotun anlangten.

Am 7. **Dezember** früh 8 Uhr ging es von Honlotun mit

der Feldbahn wieder weiter nach dem 11 Kilometer entfernten Taichu, das wir gegen 10 Uhr erreichten. Links vom Wege erheben sich hohe Berge, während rechts eine Hügelkette den Ausblick nach dem Meere versperrt. Der Weg führt durch ein etwa 4 km. breites, sehr fruchtbares, vornehmlich mit Zuckerrohr bebautes Thal. Die Weiterreise von Taichu am selben Tage wurde durch den Wider-

Nanohastrasse in Taichu

stand des Präfekten aufgeschoben, der durchaus davon abriet.

Am nächsten Tage, den **8. Dezember**, erhielt ich auch aus Taipeh eine Depesche von dem deutschen Konsul, in welchem amtlich von der Fortsetzung der Reise abgeraten wurde. Auch der japanische Generalgouverneur Baron Gentaro Kodama war wegen meiner Sicherheit besorgt gewesen. Nichtsdestoweniger vertrauten wir uns Nachmittags 2 Uhr wieder der Feldbahn an und erreichten nach Passieren des Flusses Chonghoa auf einer Fähre um 5 Uhr die Ortschaft gleichen Namens. Einer der Kulis, der als

Lokomotive diente, war so abgemattet, dass er aufgeladen und gefahren werden musste.

Aus NO. wehte ein starker Wind und die Berge blieben infolge des bewölkten Himmels unsichtbar. In Chonghoa besuchte ich den Präfekten und den Missionar Landsborough, der unsere Hoffnung auf glückliches Gelingen unserer Expedition durch seine Schilderungen von der allgemeinen Unsicherheit der Gegend stark herabsetzte.

Chonghoa erinnert durch seine engen, schmutzigen Strassen an Kanton und charakteristisch waren auch hier die Teiche innerhalb der Stadt, Tummelplätze für Enten, Gänse und Waschplätze für die Chinesen. Die noch ziemlich gut erhaltene Stadtmauer hatte sich im Jahre vorher als Schutz gegen einen Rebellenangriff gut bewährt.

Wir verliessen Chonghoa am 9. **Dezember** früh auf der Feldbahn. Die Strecke durchschnitt eine Ebene, die mit Banikobäumen und Betelnusspalmen und hauptsächlich mit Reis, Kartoffeln und auch mit Gerste bebaut war. Viele kleine Gehöfte, von Zuckerrohr oder Bambusstauden eingefasst, belebten dies Bild chinesischen Fleisses. Zur Bewässerung der Reisfelder durchqueren die Ebene zahlreiche, mit schmutzigem Wasser angefüllte Gräben. Links vom Wege über einer Hügelkette ragten aus fast südöstlicher Richtung die obersten Spitzen des Niitakayama aus dem Nebel hervor. Bei Besoaki, einer Haltestelle, passierte die Bahn den 120 m. breiten Potanke, der in seinem oberen Laufe Tinlanke resp. Tonofluss heisst und bei Chip-Chip den aus dem Drachensee entströmenden Fluss gleichen Namens aufnimmt und diesen Namen bis Poatau beibehält. Die Fahrt ging nun wegen des abfallenden Geländes ziemlich rasch von statten und um 1 Uhr waren wir schon in Poatau und im japanischen Gasthause mitten unter japanischem Militär gut aufgehoben. Poatau liegt in einer Niederung 20 m. über dem Meeresspiegel und die Moskitoplage machte sich infolgedessen stark bemerkbar.

Auf der Präfektur suchten wir nähere Erkundigungen einzuziehen und brachten auch in Erfahrung, dass in der vergangenen Nacht chinesische Räuber mehrere ihrer eigenen Landsleute bis auf die Kleider ausgeraubt und völlig nakt hatten laufen lassen. Da wir erfahren hatten, dass der Japaner Inamura, der in der ganzen Gegend genau Bescheid wusste und an den ich Empfehlungen mit hatte, in Unrin nicht anwesend war, änderte ich den Reiseplan und statt Unrin wurde Linkipo als nächstes Reiseziel in Aussicht genommen.

**Am 10. Dezember** früh 7 Uhr brachen wir von Poatau auf unter Bedeckung von 5 Polizei-und 6 regulären Soldaten, die zum Krankentransport nach Linkipo bestimmt waren. Diese marschierten, während wir selber uns als Transportmittel chinesischer Chairs bedienten, welche von je drei Kulis getragen wurden. Zunächst in einem versandeten Flussbette an Zuckerrohrfeldern und chinesischen, mit Kaktuspflanzen und Bambusstauden eingefassten Gehöften vorbei, erreichten wir das Dorf Sonlun, wo der englische Missionar Mood aus Chonghoa als letzter Weisser uns begrüsste. Dieser Ort war zur Zeit des letzten Aufstandes durch Ueberschwemmung sehr stark heimgesucht und die Polizei in einem Tempel stationiert. Von hier führte der Weg weiter durch ein Gehöft an Reisfeldern und Zuckerrohrpflanzungen vorbei nach dem Dorfe Lipachui, wo wir auf der Gendarmeriewache rasteten. Hier wechselte unsere militärische Eskorte, da ein Militärkrankentransport von Linkipo in Empfang zu nehmen war. Der japanische Gendarmerieoffizier Ono nahm uns sehr freundlich auf und bewirtete uns in der zuvorkommendsten Weise mit Thee und Orangen und nach einstündiger Rast ging es weiter durch ein sehr fruchtbares Gelände, entlang an einem Kanal zum Dorfe Biatau, wo die Gendarmen zurückblieben. Dann hinüber, quer über Steingeröll und angeschwemmte Holzmassen, gelangten wir zu dem sehr reissenden Hauptflusse Chip-Chip, der auf einer Fähre überschritten wurde. Das Ziel unserer Reise, der Niittakayama, war in südöstlicher Richtung durch seine drei Spitzen erkennbar. Dann ging es durch hügeliges Terrain weiter, das ganz geeignet war, den Rebellen, die zur Zeit meiner Reise noch wenig niedergeworfen waren, günstige Gelegenheit zum Versteck und Hinterhalt zu bieten. Unter grossen Anstrengungen und immer durch Patrouillen das Gelände aufklärend, erreichten wir am Nachmittage Linkipo, wo wir von den Beamten der Subpräfektur freundlichst aufgenommen und im Amtsgebäude untergebracht wurden. Es erhob sich nun eine grosse Schwierigkeit, da die Gendarmerie uns

Präfecturgebäude in Linkipo

nicht weiterziehen lasse wollte, da unser Pass nur für absolut sichere Gegenden ausgestellt wäre. Glücklicherweise kam aber bald von Unrin, wo man bei der vorgesetzten Behörde telegraphisch angefragt hatte, der Bescheid zurück, dass die Tour allerdings auf eigene Verantwortung und Gefahr fortgesetzt werden dürfte.

Nun traf es sich sehr günstig, dass gerade gleichzeitig mit uns in dem Amtsgebäude ein Trupp von etwa 20 Eingeborenen vom Arisoastamme aus der weiteren Umgegend zugegen war, durch deren Gebiet unser Weg führen musste.

Es waren meist halbwüchsige Burschen mit dichtem schwarzem Kopfhaar, mehrere kräftige Männer, der Häuptling mit seiner Frau und der Dorfälteste, der nahe an 50 Jahre zählen mochte. Einer von den Eingeborenen war gerade damit beschäftigt, eine bleierne Gewehrkugel zu einer Stange zu hämmern, aus der er dann Vogelschrot für seinen Schiessbedarf herstellen wollte. Mit ihnen knüpfte ich wegen Beteiligung an der Expedition nach dem Mt.

Horslastamm aus Häuptling und den Stammältesten

Morrison Verhandlungen an und wir kamen dann auch überein, in den nächsten Tagen aufzubrechen. So blieb uns dann noch gerade so viel Zeit übrig, um unsere Vorbereitungen zu treffen.

Am Nachmittag des 11. Dezembers unternahm ich noch einen Spaziergang in der Nähe des Ortes, um diesen genauer kennen zu lernen. Die umgebenden Felder sind mit Hanf, Reis, Kartoffeln, Erbsen und Rüben bebaut. Blühende Kakteen wuchsen hie und da und trugen zur malerischen Ausschmückung der Gegend bei. Noch gesteigert wurden diese Farbeneffekte, als sich unseren Augen ein wundervoller Sonnenuntergang darbot und die an den Wolken gebrochenen Strahlen einen herrlichen Regenbogen hervorzauberten. Unser Rückweg führte an dem Barackenlager des japanischen Militärs, an einer Theaterbühne und zufälligerweise an einer chinesischen Beerdigung auf dem Marktplatze vorbei. Als ich mit meinem Begleiter heimkehrte, sassen die Wilden am Feuer und durch ihre Reihen wanderte ein Bambustrinkgefäss, welches mit warmem Branntwein-Getränk gefüllt war, von den Chinesen "Samchu" genannt. Auf dem Feuer hatten sie eine riesige Pfanne, in der Reis und Schweinefleisch gekocht wurde, letzteres schmackhaft, doch stark versalzen. Sehr melancholisch klangen die Lieder, welche sie bei ihren Hantierungen ertönen liessen. Der Häuptling machte auf mich nicht den Eindruck eines Vollblutmalayen, er schien einen Zusatz von holländischen Blute zu haben. Da er sehr gut chinesisch sprach, so entwickelte sich durch Vermittlung meines Dolmetschers ein interessantes Gespräch, das darauf hinauslief, dass er mit uns blutsverwandt zu sein behauptete, da er ja von denselben Vorfahren wie wir abstamme. Diese Anschauung deutet wahrscheinlich auf die frühere Herrschaft der Holländer hin. Diese haben hier, wie wir schon erwähnten, im 17. Jahrhundert ein Menschenalter lang ein sehr glückliches Regiment ausgeübt, dessen Segnungen in hervorragendem Masse auch den Eingeborenen zu gute kam, dass diese sich jetzt noch, wenn auch dunkel wie an ein entschwundenes glückliches Zeitalter daran erinnern. Von anderer Seite wird aber darauf hingewiesen, dass die Meinung der Eingeborenen, die Ahnen der Europäer seien auch ihre Ahnen, keinen anderen Grund habe, als dass sie damit ihre Selbstständigkeit, d. h. gleiche Rechte betonen wollen.

Die Tracht der Wilden ist eine sehr primitive: der Häuptling trug eine Jacke mit roten Aermeln, die übrigen hatten über den Oberkörper eine Art Weste von Hirschleder gezogen und um die nackten Lenden einen Bastgürtel getan, in dem ein langes Messer in hölzerner Scheide steckte. Der Kopf war von einer ledernen Kappe mit Nackenschutz bedeckt. Die Weiber trugen turbanartig gewundene Kopftücher aus einem dunklen Stoff von chinesischem Leinen. Der Rock bestand aus zwei übereinandergeschlagenen Tuchstücken, die mit farbigen Bändern, z. B. gelbseidenen Cigar-

Arisoastamm Häuptlinge mit Söhnen

renbändern verziert waren; Ohrringe, Armbänder, Ringe und dergleichen vervollständigten den Schmuck. Die Zähne der Leute sind meist gelb und zwar infolge des Betelkauens. Dies wird in der Weise ausgeführt die Hälfte der Betelnuss wird in ein Baumblatt eingelegt, mit Kalk vermischt und dieses Gemengsel sodann gekaut. Uebrigens kommt diese Sitte auch bei den Chinesen vor und soll angeblich ein wirksames Mittel gegen die so häufige Malaria, einer der schlimmsten Krankheiten Formosas, sein. Beim Essen ass der Häuptling mit Stäbchen aus einer

Weiber des Horslastammes

Schale, die übrigen aus einer grossen Pfanne gekochten Reis mit Schweinefleisch.

Die Eingeborenen, mit denen ich zusammengetroffen war und die nun meine Reisebegleiter werden sollten, gehören dem Arisoastamme an. Sie machten auf mich von vorneherein einen sehr angenehmen, bescheidenen Eindruck, und ich hatte während meines ganzen längeren Zusammenseins mit ihnen keine Veranlassung, diese Meinung zu ändern. Eine grosse Gleichgiltigkeit legen sie gegen alles an den Tag, was Kultur heisst, und gab es nur eine Ausnahme: da sie nämlich Naturkinder und Jäger sind, lieben sie ein

Häuptling Moro und Stammältester

freies Leben und über alles Schiesswaffen, mit denen sie vollkommen vertraut sind. Deshalb folgten sie auch mit besonderem Interesse der Erklärung, welche ich ihnen von meinem Gewehr gab und verliehen ihrer Freude und Ueberraschung über die Treffsicherheit desselben durch laute Rufe «uih! uih»! Ausdruck. Als Wild kommen Schnepfen, vier Arten Tauben, Fasanen und mehrere Reiherarten in

Betracht. Als ich in der Frühe des folgenden Tages wieder in der Umgebung von Linkipo umherstreifte, um einige Bekassinen, Wildtauben und sonstiges zu erbeuten, folgten mir wie auch stets später, 2 oder 3 Eingeborene, die, sobald sie mich mit der Flinte sahen, nicht mehr loszuwerden waren. Ich hatte dabei gute Gelegenheit mit ihnen bekannt zu werden. Vor allem imponierten mir die ganz vorzüglichen Augen dieser Naturkinder, die da mit Genauigkeit Gegenstände unterscheiden, für die das Auge des Europäers ganz blind ist. Eigentümlich für sie ist auch die Art und Weise, wie sie der Jagd obliegen. Unauffällig, ganz geräuschlos schleichen sie sich, durch die der äusseren Umgebung angepasste Kleidung gedeckt, nahe an das Wild heran und schiessen dann mit altmodischen Gewehren, die sie noch dadurch für ihren speziellen Gebrauch herrichten, dass sie den Kolben abschrauben; sie legen nämlich nicht an der Schulter an, sondern halten das Gewehr einfach mit beiden Händen nach vorne. So verbrachte ich, bis alle unsere Vorbereitungen getroffen waren, noch mehrere Tage in Linkipo, denn zu Tauschverkehr mit den Wilden waren noch viele Gegenstände zu besorgen, wie Salz, Tuchstoffe, farbige Bänder, Streichhölzer, Glasperlen, Messingdraht, kleine Muscheln etc., ausserdem fehlte es uns auch an Brot, das erst aus Taichu herbeigeschafft werden musste.

Am 15. Dezember vormittags gegen 9 Uhr brachen wir endlich nach den nötigen Vorbereitungen bei wunderschönem Wetter von Linkipo auf. Unsere Expedition bestand aus 30 Personen, darunter 20 Eingeborene vom Arisoastamme mit ihren beiden Häuptlingen. In nordöstlicher Richtung ging es an einigen Gehöften vorbei und dann an einem Gebirgsflusse entlang durch eine Gegend, die durch den tropischen Charakter ihrer Vegetation ganz besonders gekennzeichnet wurde. Da die Wilden mit Gepäck sehr überlastet waren (es waren die Geschenke, welche ihnen von der japanischen Bukunshio-Verwaltung in die Heimat mitgegeben waren), so kamen wir nur langsam von der Stelle. Nachdem wir einen etwa 170 m. hohen Berg, be-

Präfecturgebäude in Linkipo, davor die Mitglieder meiner Expedition vor dem Aufbruch am 16. Dezember 1898.

deckt mit einem undurchdringlichen Dickicht aus verschiedenen Arten von Palmen und buntfarbigen Gräsern, überschritten hatten, von wo sich ein prächtiger Blick auf die Ebene bis Linkipo darbot, gelangten wir an vereinzel-

Mann & Frau der Tsowgruppe auf dem Marsch

ten Hütten vorbei um 12 Uhr nach dem Walddorfe Sintsia und nach 1 ½ Stunden nach Taisuikutsu, ein Dorf in 520 m. Höhe über dem Meere, wo wir wohl oder übel übernachten mussten, da die durch das Gepäcktragen ermüdeten Wilden sich weigerten, weiter zu marschieren.

Der Aufbruch am nächsten Tage (16. Dezember) erfolgte

früh vor 6 Uhr. An einer Theeplantage und Reisfeldern vorbei, vor uns die Gipfel des Howosan und Nochosan und der Haban—Berge und das chinesische Dorf Nichocho passierend, erklommen wir nach beschwerlichem Anstieg den 760 m. hohen, sehr steilen Howosan, auf dessen Gipfel uns die prächtige Aussicht auf die passierten Dörfer Nichocho und Taisuikutsu belohnte. Von hier ging es etwa 200 m. wieder hinab durch eine wildromantische Schlucht nach Kolenka, ein Ort, in dem es viele Kampferöfen giebt.

Kampferlorbeerbaum, mehr als 2 m. im Durchmesser

Bei dieser Gelegenheit möchte ich kurz auf den wichtigsten Gewerbszweig von Formosa, die Kampferindustrie eingehen. Aus dem Könige der formosanischen Wälder, dem stolzen, ziemlich schnell wachsenden Kampferlorbeerbaum, dessen Umfang oft über 2 m. beträgt und dessen Stämme auch als wertvolles Baumaterial verwendet werden, wird durch Destillation der Kampfer gewonnen. Dazu taugen nur saftige Stämme, vor allem die Wurzeln, nicht aber ausgetrocknete Bäume. Auf einem etwa 4 Fuss hohem Lehmofen, der mit Holz geheizt wird, ruhen ein oder mehrere Eisenkessel, die mit Wasser gefüllt werden. Auf diesen Kesseln steht je ein etwa 5 Fuss hoher Holzcylinder mit durchlöchertem Boden, durch den die Wasserdämpfe von unten eindringen. Diese Holzcylinder werden bis oben an mit kleinen Kampferholzstückchen gefüllt, hierauf mit einem Deckel zugedeckt und allenthalben mit Lehm luftdicht verschmiert. Die kampferhaltigen Dämpfe steigen alsdann durch ein oben im Cylinder angebrachtes Bambusrohr in einen kastenartigen luftdichten Behälter, der in fliessendem Wasser steht und setzen sich darin krystallartig ab. Durch ein höhergelegenes, mit leichter Neigung nach abwärts laufendes Rohr träufelt immer etwas Wasser in den Kessel, um das verdampfende Wasser zu ersetzen. Das ist notwendig, denn die Holzstückchen werden 24 Stunden lang diesem Destillationsprozesse ausgesetzt. Etwa einen Monat währt es, bis durch die Niederschläge die Kiste mit Kampfer angefüllt ist. Doch kehren wir nach dieser Abschweifung wieder zu unserer Reisebeschreibung zurück.

Nach einstündiger Rast brachen wir von Kolenka auf und kamen durch die Pepura-Schlucht zum Flussbette des Tinlanke, nachdem wir vorher eine der giftigsten Schlangen Formosas, eine Copra, erlegt hatten. Der Abstieg war bei der tropischen Nachmittagshitze äusserst beschwerlich, unser Dolmetscher brach mehrere Male kraftlos zusammen, sodass wir Rast machen mussten. Gegen $1/2$ 4 Uhr nachmittags erreichten wir den Tinlanke, der von hier in nordwestlicher Richtung nach Chip-Chip weiterfliesst. Hier nimmt er von der rechten Seite den sogenannten schwarzen Fluss auf, Chipchip Fluss genannt, der in seinem oberen Laufe mit dem Drachensee in einer Höhe von 1000 m. in Verbindung steht. An dessen rings von dicht bewaldeten Bergketten umschlossenen Ufern herrschen noch unabhängige malayische Wildstämme, die der Vonumgruppe angehören.

Im Hauptflusse des Tinlanke haben wir den Typus eines wilden reissenden Gebirgsstromes vor uns; das ungefähr 500 m. breite Flussbett ist zum Teile mit Geröllmassen angefüllt, die sich aus grossen und kleinen, glatt abgeschliffenen Steinen zusammensetzen. Als wir nun den Fluss überschreiten mussten, gerieten wir in grosse Verlegenheit, da weder Fähre noch Furt vorhanden war. Einige Wilden schwammen hinüber und suchten jenseits, wir diesseits nach einer geeigneten Stelle, wo endlich der Proviant und die Gewehre von den Wilden auf dem Kopfe hinübergetragen wurden. Ich selbst wurde von einem Eingeborenen auf die Schulter genommen, während ihn ein anderer dabei unterstützte. Es war jedenfalls eine sehr merkwürdige Situation, in der ich mich befand, denn als wir mitten im Flusse waren, wurden meinem Träger von der Strömung plötzlich beide Beine weggerissen und ich musste mir ein unwillkommenes Bad gefallen lassen. Durch sofortiges Wechseln der Kleider und Einnehmen einiger Chininpillen suchte ich dem Ausbrechen der Malaria zuvorzukommen, während mehrere Mitglieder unserer Expedition und ein Chinese schon nach einer halben Stunde davon ergriffen wurden. Besonders der Stammälteste war derart von Fieber und Schüttelfrost ergriffen, dass er nicht mehr weiter konnte, er musste daher unter dem Schutze einiger seiner Leute zurückgelassen werden. Zwei der mir von der Präfektur mitgegebenen Japaner, der eine ein christlicher Missionar trennten sich hier von uns und zogen in Begleitung fast aller Wilden weiter nach Namakama, wo ich erst am nächsten Tage wieder mit ihnen zusammentraf. Ich selber verliess mit meinen Leuten und den zwei letzten bei mir gebliebenen Eingeborenen, die als Führer dienten, das Flussbett und stieg direkt die mit mannshohem Kajasgras bedeckten Abhänge der Bergwand empor, entlang an einer Wasserrunse nach der angeblich eine Stunde entfernten Wildenansiedlung Sotkuram. Es war inzwischen ganz finster geworden, sodass ich bereute weitergegangen zu sein und nicht im Flussbette biwakiert zu haben. Ausserdem steckten die chinesischen Kulis, die wegen der Dunkelheit Fackeln von Kienholz anzündeten, dabei auch, sei es aus Unvorsichtigkeit sei es aus böswilliger Absicht, was ich nicht herausbekommen habe, das trockene Kajasgras in

Brand. Vom Winde angefacht, nahm das Feuer bald einen derartigen Umfang an, dass wir in Lebensgefahr gerieten. Trotzdem die Kulis das Verhängnisvolle ihres leichtsinnigen Handelns vor Augen hatten, konnte ich sie doch erst mit der Pistole in der Hand zur Vernunft bringen. Aber es war schon zu spät. «Stöpel, es wird brenzlich, machen Sie, dass Sie nach vorne kommen!» rief mir der Dolmetscher zu und mit Riesenschritten musste ich den 20 m. langen Weg mitten durch das Flammenmeer hindurch rennen, da ich weder rechts noch links ausweichen konnte; ausserdem war zu befürchten, dass die Patronen, welche ich im Gürtel um den Leib trug, explodierten. An der Spitze unseres Zuges angelangt, suchte ich möglichst rasch mit Aufbietung aller Kräfte den Gipfel des Berges zu gewinnen, wo mich meine Begleiter erst nach einer halben Stunde erreichten. Die chinesischen Träger konnten nicht so rasch dem Feuer entkommen und warfen ihre Lasten fort, die nun mein Dolmetscher Greiner mit Lebensgefahr einzeln aus dem Feuer herausholte. Er überanstrengte sich hierbei so, dass er die weitere Expedition nicht ganz mitmachen konnte. Wir hatten nicht mehr weit bis zum Dorfe Sotkuram, wo wir vom Häuptling und den übrigen Dorfbewohnern freundlichst aufgenommen wurden. Dank des Rufes der uns begleitenden Wilden: «die Vettern kommen, die Vettern kommen!» waren wir bald von halbnackten Gestalten umringt, die aus ihren Hütten hervorgelockt uns mit brennenden Fackeln entgegenleuchteten. Im Ausdruck «Vetter» lebt noch die angenehme Erinnerung an die Holländer fort. Als Gastgeschenk erhielten wir ein Huhn überreicht, das mit Reis gekocht bald eine kräftige Suppe abgab.

Das Dorf Sotkuram besteht aus etwa einem Dutzend Hütten, die zwischen den mit süssen Kartoffeln und Gebirgsreis bebauten Aeckern zerstreut sind. Es liegt auf einem gewellten Hochplateau in einer der Falten des Terrains und seine Gehöfte sind von hohen Bambusstauden umrahmt, auf denen zahlreiche Wildtauben, unserer Feldtaube nicht unähnlich, sassen. Gerade gegenüber erhebt sich der etwa 800 m. hohe Chapeitenka, zu deutsch Silberberg; sein Name lässt auf das Vorkommen dieses edlen Metalles schliessen. Schon in aller Frühe sandten wir Boten aus, um über den Verbleib des übrigen Teils der Expedition

Primitive Brücke über den Horsiafluss

Nachforschungen anzustellen. Gegen 9 Uhr kamen sie zurück und meldeten, dass die Kolonne Wilden sich auf direktem Wege nach ihrem Heimatsorte Horsia begeben hätte. So brachen denn auch wir um 9 Uhr bei einer Temperatur von 28° Celsius auf und machten über Anhöhen und Schluchten hinweg eine beschwerliche Kletterpartie bis zur Wildenansiedlung Namakama, wo sich unsere japanischen Freunde, die sich gestern von uns getrennt, wieder einfanden; hier befindet sich nämlich eine japanische christliche Mission, welche von dem uns von Linkipo begleitenden japanischen Missionare verwaltet wird. Er machte mich auf die Hütte des Häuptlings aufmerksam, an deren Giebel eine Menge Schädel, die Trophäen der Kopf-

Dorf Horsia am Westabhang des Mt. Morrison, 790 m. über dem Meere

jäger, angebracht waren. Nach kurzer Rast und Verabschiedung von dem Missionare, der hier zurückblieb, ging es weiter und wir gelangten zum Horsia-Fluss. Es ist dies ein linker Nebenfluss des Tinlanke, den er an Breite fast erreicht und dem er auch durch die charakteristischen Geröllmassen sehr ähnelt. Seine Uferabhänge werden auch hier von steil aufsteigenden Felspartieen gebildet, oberhalb welcher die Berge von dichten, aus Nadelholz, Bambus und Schlingpflanzen bestehenden Urwald bedeckt erscheinen. Der Fluss wurde auf einer aus Bambus und Rattan hergestellten Hängebrücke von 30-40 m. Länge und kaum ½ m. Breite überschritten.

Dann erklommem wir den steilen Abhang am jenseitigen Ufer auf einem einfachen Saumpfade, der uns in wenigen Minuten in das Dorf Horsia brachte. Es liegt in etwa 700 m. Höhe und seine unzugängliche Lage ist absichtlich so ge-

Dorf Horsia, Hütte der Unvermählten

wählt. Stets müssen sich ja die Eingeborenen vor den Beunruhigungen der benachbarten Stämme schützen, da Fehden unter ihnen ganz gewöhnlich sind und sich diese meist wegen der Jagdgründe entspinnen. Daher bilden ihre Wohnsitze gleichzeitig auch Schlupfwinkel vor Nachstellungen und werden aus diesem Grunde nicht dicht am Flusse angelegt, sondern auf einem Bergvorsprunge, wo sie auch durch dichtes Gestrüpp von Bambus und Kajasgras vor den Augen der Feinde verborgen sind.

Das Dorf Horsia besteht etwa aus 14 aus Bambus erbauten Hütten. Die Seitenwände solcher Hütten und das Gerüst des Daches sind aus Bambusstäben gemacht, und das Dach ist mit Bambusgras bedeckt. Durch besonderen Bau ist die sogenannte Hütte der Unvermählten ausgezeichnet, da sie auf Pfählen errichtet und der Boden etwa 1 m. von der Erdoberfläche entfernt ist. Auch für Gäste gibt es eine be-

Dorf Horsia, Hütte für Gäste

sondere, in der ich mit meinem Dolmetscher einquartiert wurde. Die unsere war ganz neu hergestellt worden und mass in der Länge 6 m., in der Breite 4 m. entsprach also in der Form den übrigen, nur war sie kleiner.

Im Inneren stand eine grosse Pritsche von 2-3 m. Grösse, die sowohl als Lager für uns, wie auch zur Aufbewahrung unserer Sachen bestimmt war. Das Dorf machte durch die Reinlichkeit seiner Strassen und die landschaftliche Schönheit einen freundlichen Eindruck. Sehr überrascht wurden wir hier durch eine von den Wilden angelegte Wasserleitung, welche in einem ausgehöhlten und wegen etwaiger Verstopfung oben hin und wieder geöffneten Bambusrohre das Wasser aus weiter Entfernung aus einer Gebirgsquelle

Frauen der Tsowgruppe von Maransha

herleitet und in ein Becken, das von einem hohlen Baumstamme gebildet wird, ausfliessen lässt. Dieses Wasser dient nur zum Trinken, zum Waschen wird es aus dem Horsiaflusse geholt.

Die Hauptlast der häuslichen Arbeiten ruht auf den Frauen; sie bestellen die Felder mit Reis, Hirse, Kartoffeln,

Bohnen und Tabak und bereiten die Mahlzeiten. Von Haustieren finden wir hier Schweine, Hühner und Hunde; letztere sind erbärmlich abgemagerte Jammergestalten, denen nur wenig Pflege zu Teil wird: ihr Futter besteht meistens nur aus den Eingeweiden des erlegten Wildes, die ihnen nach der Jagd vorgeworfen werden, um sie auf das Wild besonders scharf zu machen. Während die Frauen Haus- und Feldarbeit besorgen, beschäftigt sich die männliche Bevölkerung hauptsächlich mit Jagd. Der Ertrag der Felder, wie auch die Jagdbeute, sind Gemeindeeigentum und werden vom Häuptling den einzelnen Familien nach der Anzahl ihrer Mitglieder zugestellt. Der Häuptling überwacht mit Strenge die Heiligkeit der Familie und sieht überall auf Ordnung. In einer Hütte wohnt eine Familie, einschliesslich der Grosseltern, Mädchen und kleinen Kindern, in der Regel aus 10-12 Personen bestehend, während die halbwüchsigen, jungen Burschen, in der sogenannten Hütte der Unvermählten untergebracht sind. Freit ein junger Wilder um ein Mädchen, so kann er es erst dann sein eigen nennen, wenn er sich auf der Jagd ausgezeichnet und mindestens zwei Menschenschädel erbeutet hat. Die kleinen Jungen begleiten ihren Vater auf der Kopfjagd und seinen Jagdzügen, die sich oft auf mehrere Tage auf weite Entfernungen ins Hochgebirge erstrecken. Dabei kommt es nicht selten vor, dass sie mit fremden Stämmen wegen der Jagdgründe in Streit geraten, der oft einen blutigen Ausgang nimmt, indem er einen Kampf zwischen den betreffenden zwei Stämmen entfaltet, der durch die Sitte der Blutrache einen besonders blutigen Ausgang nimmt. Das Wild sucht der Eingeborene fast stets im Lager auf, indem er seine Spuren genau verfolgt. Als Jagdwaffe benutzt er ein von den Chinesen im Tauschverkehr eingehandeltes Snyder-Gewehr, das er sich aber für seinen Gebrauch erst herrichtet, indem er Schaft und Visier beseitigt, da ihm beides bei der Handhabung unbequem ist. Deswegen kann er nur auf kurze Entfernungen schiessen; daneben sind noch Pfeil und Bogen im Gebrauch und werden sehr geschickt verwandt.

In Horsia befanden sich einige Malariakranke, zwei Erblindete und mehrere Leute mit Kröpfen. Auch fand ich hier eine Hütte, in welcher neben Hirschschädeln, Affenskeletten und sonstigen Kopftrophäen auch Menschenschädel aufgespeichert waren. Sie stammten meist von den Todfeinden der Arisoas, den Chinesen, mit denen sie bis auf den heutigen Tag in Blutrache leben. Dieser Sport wird bei allen Stämmen gepflegt. Es soll dadurch das frühere Unrecht, welches die Chinesen vor 150 Jahren bei Eroberung der Insel an den Eingeborenen begangen haben, wieder gesühnt werden.

Nach dem Austausch der üblichen Geschenke, welche von Seiten der Wilden in getrocknetem Hirschfleisch, Wildschweinfleisch, einem halben Hausschwein und einem Huhn bestanden, setzten wir uns zur Bereitung der Mahlzeit nieder. Als wir aber Eier verlangten, erklärten sie, das wir keine essen dürften, da dies ein Verbrechen sei. Nach ihrer Ansicht müssen alle Eier ausgebrütet werden, um stets für genügenden Nachwuchs der Hühner zu sorgen.

Die Mahlzeit der Eingeborenen bestand zum grossen Teile aus Hirse, die sie zu Brei verkochten. Zum Würzen der Speisen verwenden sie eine Art spanischen Pfeffers. Als Fleisch geniessen sie hauptsächlich getrocknetes Hirsch- und Wildschweinfleisch, das in Wasser gekocht oder am Spiesse geröstet wird. Einen Thee bereiten sie sich aus den Wurzeln des Zimmtstrauches, den sie Tomagosogis nennen. Sehr schätzen sie den chinesischen und japanischen Reis, während sie selbst einen sogenannten Gebirgsreis anbauen, der jedoch nicht so wohlschmeckend ist. Sie bauen ihn ohne künstliche Bewässerung und ohne besondere Bearbeitung des Bodens.

Doch wir müssen uns von den lukullischen Genüssen der Eingeborenen trennen, um weiterzukommen. Da der Häuptling des Arisoastammes mit dem Häuptling des Tombostammes, der in den Vorbergen des Mt. Morrison wohnt und dessen Gebiet wir passieren mussten, verwandt war, so benachrichtigte er denselben, um uns seinen Schutz, und Führung zu verschaffen. Es erschienen darauthin schon am Nachmittage Leute vom Tombostamme, welche unsere Führung übernahmen. Mit ihnen brach ich am nächsten Morgen, den 18. Dezember, nach Verabschiedung von den Arisoaleuten auf. Durch hohes Bambusgestrüpp, an Bergabhängen entlang, ging es wieder abwärts dem Tinlanke zu, der nach dem betreffenden Stamme den Namen Tombofluss führt. Vorher passierten wir noch Klein-Tombo, ein Dorf des Stammes gleichen Namens. Es

Primitive Brücke über den Tombofluss

ging dann den Fluss entlang, den wir, um die vielen Windungen abzuschneiden, mehrmals passierten, wobei wir eine primitive Brücke zu überschreiten hatten. Verschiedene Male waren flussaufwärts die drei Gipfel des Niitakayama sichtbar, majestätisch hoben sie sich über die schwarzen, mit Nadelhölzern bedeckten Berge vom tiefblauen Himmel ab, die malerisch gegen die schneebedeckten Gipfel kontrastierten. Bald erreichten wir auch das Hauptdorf Tombo, wo wir unsere Ankunft auf Veranlassung der Begleiter durch Signalschüsse anmeldeten und von der gesamten Bewohnerschaft des Dorfes Männer, Frauen und Kindern, die uns entgegenkamen, empfangen wurden. Der Häuptling verbeugte sich zeremoniell und schüttelte mir beide Hände, seine Leute stellten sich zu beiden Seiten des Weges auf und verbeugten sich ehrfurchtsvollst. Auf eine solche Huldigung dieser Naturkinder war ich keineswegs gefasst. Sie betrachteten mich mit neugierigen Blicken und geleiteten mich in ihr Dorf, aus dem lautes Hundegebell entgegenschallte.

Tombo ist ein malerischer, auf einem Bergvorsprunge, in etwa 820 m. Höhe gelegener Ort, vom Tombo-und Gunteiberg überragt und von herrlichen Bananenstauden und Laubhölzern umgeben. Er ist viel grösser wie Horsia und mag etwa 40 Hütten, mit etlichen 100 Einwohnern zählen. Ein Teil der Hütten war aus einfach aufeinander geschichteten Flussbettsteinen erbaut und mit Schiefer gedeckt.

Bei einem Mischling von Wilden und Chinesen wurde ich einquartiert. In der Hütte war ein chinesischer Kamin, der alles verräucherte; an der Decke hing eine Menge Affenskelette (Affenfleisch dient nämlich für Eingeborene wie für Chinesen als Lieblingsspeise). Vor der Hütte befand sich ein Brunnen, der ähnlich wie in Horsia sein Wasser aus den Bergen zugeführt erhielt. Zahlreiche Hühner, Hunde und Schweine belebten die Dorfstrasse. Bald war ich von einer neugierigen Menge Wilden umringt, die alle meine Verrichtungen, besonders beim Essen, eifrigst verfolgten.

Von einem der Häuptlinge wurde mir ein Freundschaftstrunk dargereicht, der aus Hirse gebraut war, und zwar musste ich zugleich mit ihm aus einer Schale trinken, was wegen dem schmutzigen Gesicht meines neuen Kameraden nicht gerade sehr appetitlich war. Kurz nach unserer Ankunft versammelte der Häuptling Noisi und der Stammaelteste Umashu die kriegsgeübten Leute und Jungen zu einer Beratung. Sie wurden von dem Ziele meiner Reise in Kenntnis gesetzt und die Leute, welche mitgehen wollten, aufgefordert, sich freiwillig zu melden, indem ihnen eine Belohnung dafür in Aussicht gestellt wurde. Daraufhin meldeten sich 13 Eingeborene. Den Nachmittag benutzten wir noch zu den Reisevorbereitungen, indem wir Nahrungsmittel eintauschten etc. Die Japaner suchten für die Bergbesteigung ihre Strohsandalen hervor. Jeder Wilde, der sich mir anschloss, war mit einem Snyder-Gewehr ausgerüstet und hatte noch nebenbei 5 Patronen, die in einem verschlossenen Bambusköcher aufbewahrt wurden. Ausserdem trugen sie vorn am Bauchgürtel in einer hölzernen Scheide ein 0,50 m. langes Messer, das zu den verschiedensten Zwecken, zur Kopfjagd, zum Wegbahnen im Walde, zum Zerlegen des erbeuteten Wildes dient.

Gegen Abend veranstalteten die Wilden noch eine Wildschweinjagd, wobei drei Säue erlegt wurden, welche in die mit süssen Kartoffeln bebauten Aecker eingebrochen waren und hier im Dämmerlicht beschlichen wurden. Auch wir erhielten ein Stück der Jagdbeute.

Noch bevor wir aufbrachen, wurde ein Eingeborener zum Walde geschickt, um zu erforschen, ob die Vorzeichen für den Aufbruch gut seien. Dieses Orakel wird von den Eingeborenen in der Weise geübt, dass sie einmal darauf achten, in welcher Weise die Vögel davonfliegen, wenn sie aufgescheucht werden und dann wie dieselben auf die Nachahmungen der Vogelstimmen durch die Eingeborenen antworten. Das uns auf diese Weise zu Teil gewor d Orakel lautete nicht sehr günstig, aber trotzdem brachen wir auf. Und tatsächlich mussten wir, wie sich später ergeben wird, die Tour kurz vor dem Ziele aufgeben, was wohl weniger auf das Orakel der Vögel als auf den Witterungsumschlag zurückzuführen war.

Mit dem nötigen Proviant für etwa 5 Tage versehen, verliessen wir das Dorf und kreuzten zunächst den Tombofluss, der hier ziemlich schmal zwischen steilem Felsenufer dahinschiesst. Rechts von uns bemerkte ich am Bergabhang einen bedeutenden Waldbrand, eine Erscheinung, welche sehr häufig vorkommt und absichtlich von den Eingeborenen hervorgerufen wird, teils um bequemere Jagdgründe zu schaffen, teils um in der Nähe von Neuansiedlungen durch die dadurch gewonnene Asche billigen Dünger für den Acker zu haben. Nach Ueberschreitung des Flusses stiegen wir auf einem schmalen steilen Pfade, der nur das Gehen hintereinander gestattete, und teilweise auf künstlichen von Wilden angelegten Treppen hinauf. Manche Stellen mussten sehr vorsichtig passiert werden, da der Abhang nach der Talseite sehr steil und durch kurzes Gestrüpp verdeckt war. Nach etwa ¾ stündiger Wanderung kamen wir an einen fast senkrechten, aus losem Schiefergeröll bestehenden Abhang, der mehrere 1000 m. tief nach der Flussseite abstürzte. Hier machten wir eine kurze Rast und waren von der uns sich bietenden wildromantischen Aussicht entzückt. Ueberall tropischer Pflanzenwuchs, Palmen, Bananen, Zimmetsträucher, von deren Wurzeln die Eingeborenen mir Stücke anboten, die mannigfachsten Laubhölzer, zum Teil mit Schlingpflanzen bewachsen, Bambusstauden und mannshohes Kajasgras mit messerscharfen, länglichen Blättern, gegen die wir uns durch Handschuhe schützen. mussten. Tief unter uns der wildreissende Tonofluss, wie das Gewässer hier heisst, das weiter unterhalb des Tomboflusses Tinlanke benannt wird, mit dem fast senkrecht aufsteigenden Tombo Berg am jenseitigen Ufer. Wie Katzen kletterten die Wilden über den steilen Abhang hinüber und zwar so, dass jeder einzelne den anderen unterstützte, indem sie sich einen langen Bambusstab einander zureichten. Einzelne Fusstapfen waren von den Wilden in der fast senkrechten Wand ausgetreten, da es keinen anderen Weg in dem Tale des Tonoflusses gab und dieser von ihnen auf ihren Jagdzügen regelmässig benutzt wurde. Besondere, von dem Stammältesten eingeschärfte Vorsicht schienen sie bei meiner Traversierung obwalten zu lassen; es war auch nicht ein Leichtes, mit schweren Alpenschuhen, auf denen man sehr leicht ins Rutschen kam, diese etwa 15 m. breite, gefährliche Stelle zu passieren. Hätten wir ein Seil gehabt, so wäre dieses Hinderniss leicht zu nehmen gewesen. Statt dessen musste ich mich vollkommen den Wilden anvertrauen, die mir auch sehr sorgsam halfen. Derartige gefährliche Felswände von 3—4 m. Breite gab es noch des öfteren zu überwinden.

Gegen 11 Uhr befanden wir uns in einer Höhe von 1150 m. und bei der Biegung des Pfades kamen wir über einen kleinen Steg nach einer herrlichen, mit Moos und Farrenkräutern bewachsenen Felswand, über die sich plätschernd krystallhelles Quellwasser ergoss. Der anstrengende Marsch hatte bereits viel Schweiss gekostet, sodass wir hier eine längere Rast machten. Darauf stiegen wir zum Flussbett herab, kletterten über quer um herliegende Baumstämme, die vom Hochwasser heruntergeschwemmt waren, und verfolgten den Flusslauf aufwärts über Geröllhalden und Felsblöcke hinweg. Meine Alpenschuhe, die vorher beim Klettern hinderlich waren, kamen mir hier sehr gut zu statten. So erreichten wir um 1 Uhr eine Höhe von 1300 m. Auf dem rechten Ufer des Flusses trafen wir eine heisse Quelle von 70° Celsius, die unter mächtigen Basaltfelsen an verschiedenen Stellen hervorquoll, teils in dem Flusse selbst, wo sich das kalte Wasser mit dem warmen vermischte, teils an einem Basaltfelsen, der sich 5—6 m. hoch am Ufer erhob. Das Wasser ist wohlschmeckend und wird von den Wilden zu Badezwecken mit Vorliebe benutzt. Zu beiden Seiten des Flusses war Laubwald vorherrschend. Wir passierten jetzt einen lieblichen Wasserfall, der sich etwa 100 m. über aufeinandergetürmte Blöcke hinweg von der rechten Seite des steilen Flussbettes in dieses herabstürzte. Die wildromantische Scenerie, Urwald, Schlinggewächse, herabgestürzte Bäume, Spuren vom Wilde, die man zahlreich rechts und links im Flussbette fand, erhöhten den Reiz dieser unvergleichlichen, wilden Landschaft. Ueberall herrschte lautlose Stille, nur zuweilen durch das Aufflattern verschiedener Vögel, Schnepfen, Wildtauben und Reiher von kleiner Figur und weisser Farbe unterbrochen. Die Tag war ziemlich drückend und die Erfrischungen bestanden in einem kalten Kakaogetränk mit Zusatz von etwas Kognak, ein als vorzüglich erprobtes Mittel gegen Malaria. Ein chinesischer Kuli, den wir als Träger mithatten, war auch schon wieder von dieser erfasst und musste umkehren, was er nur sehr ungern tat, wegen der Gefahr, mit jagenden Eingeborenen zusammenzutreffen und seinen Kopf aufs Spiel zu setzen. Ich war deshalb wegen seines Lebens beunruhigt und schleppte ihn solange mit, als es ging. Zum Glücke begegneten uns bald darauf drei Tombo-Jäger, die von der Hirschjagd zurückkehrten. Diese nahmen ihn auf meine Veranlassung nach dem Dorfe Tombo zurück. Unterwegs machten wir verschiedene Male Rast. Besonders war es der chinesische Koch, der sich in einem beständigen Opiumdusel befand, allerdings hatte er eine schwere Last und zwar den Proviant in zwei zerlegbaren Körben auf einem Tragholz zu tragen.

So ging es in Schlangenlinien unter Führung der Wilden weiter, indem wir alten Fussspuren folgend bald auf dem rechten, bald auf dem linken Ufer des Flusses entlangzogen. Unterwegs blieben die Eingeborenen des öfteren stehen als suchten sie etwas. Beim aufmerksamen Zusehen merkte ich, wie sie ihre Messer herauszogen, das im Flussbette liegende, angeschwemmte Kiefernholz in schmale Stücke spalteten und es in ihren vorn quer überhängenden Sack steckten. Es war ein ausgezeichnetes harziges Kienholz, das in ziemlicher Menge aus den noch weiter oben liegenden Tannenwäldern angeschwemmt war. Es wird hauptsächlich bei Nacht als Fackel oder zum Feueranmachen beim Kochen verwendet. Kurz nach 2 Uhr, nach einem über 5 stündigem Marsche erreichten wir eine Höhe von 1500 m. und bauten an einer etwas erhöhten Stelle des Flussbettes, ziemlich nahe an dem steil aufsteigenden Waldrande in grosser Eile eine Hütte, die uns zum Nachtlager dienen und Schutz gewähren sollte. Und zwar hatten die Eingeborenen darin eine Fertigkeit, die mich und die Japaner in Erstaunen setzte.

Zwei über armsdicke junge Kiefern wurden gefällt, an einer günstig gelegenen Stelle gabelförmig übereinandergelegt, mit Bambusbast an den Kreuzungsstellen zusammengebunden, nach hinten zu von einem dritten Baume gestützt und endlich die seitlichen Zwischenräume an dem so geschaffenen Gestell mit Aesten und Bambusgras ausgefüllt, während der Fussboden der Hütte gleichfalls damit gepolstert wurde. Ueber dieses Gras breitete ich meinen Regenmantel, um mich gegen die nächtliche Feuchtigkeit zu schützen. Mitgebrachte wollene Decken dienten zum weiteren Schutze und der unbequeme Tropenhelm und die Bergschuhe wurden abgelegt und mit Mütze und Pantoffeln vertauscht. Vor der Hütte wurde ein Feuer gemacht, wobei sich die Wilden des mitgebrachten Kienholzes bedienten. In unmittelbarer Nähe errichteten sie für sich gleichfalls eine Hütte. Jetzt kochten wir ab und nahmen unser Mahl ein. Dies bestand für uns in einer kräftigen Hühnersuppe, dann gab es Reis mit Huhn, als dritten Gang Wildschweinfleischstücke am Bambusstock gebraten und zum Schlusse Kakao mit Orangenmarmelade. Die Wilden kochten sich aus süssen Kartoffeln einen Brei und ausserdem eine Fleischbrühe, indem sie von ihrem mitgebrachten getrockneten Hirschfleisch kleine Stücke abschnitten und siedeten. Salz scheint bei ihnen ein seltener Artikel zu sein, weshalb sie mich häufig darum baten. Nach der Mahlzeit wurde Geschirr und Pfannen am Flusse gereinigt und verpackt und während sich dann die Wilden im Halbkreise um ein Lagerfeuer kauerten, besah ich mir die nächste Umgebung und machte einige photographische Aufnahmen.

Gegenüber dem Lager auf dem rechten Ufer des Flusses, hörte man das Rauschen eines wildromantischen Wasserfalls, der sich von einer 500 m. hohen Felswand herunterstürzt. Der Himmel war leichbewölkt und die Gipfel des Berges glänzten im hellen Sonnenschein. Der Mond im letzten Viertel vor Vollmond war bereits erschienen u. stand senkrecht über uns in der Schlucht. In nächster Umgebung standen in einer Höhe von 1600 m. vereinzelte Nadelhölzer, doch vorherrschend waren die Laubbäume, besonders der Ahorn, dessen Blätter in mannigfaltiger Färbung vom Hell-und Dunkelbraunen bis zum Karminroten variierten. Ein Teil der Wilden hatte uns inzwischen verlassen und war abseits in den Urwald auf einen nächtlichen Jagdzug ausgegangen. Die übrigen sassen in gemütlicher Stimmung um das Feuer, sich die Hände wärmend und mit dem Rauchen ihres Pfeifchens beschäftigt. Dies war aus Holz geschnitzt, mit einem Mundstück aus Rohr versehen und wurde mit selbstgezogenem Tabak gestopft. Auch waren sie meinen Cigaretten nicht abhold, mit denen ich ihnen eine besondere Freude bereiten konnte. Schon sehr früh, bereits um 8 Uhr, legten wir uns zur Nachtruhe nieder, um uns für die kommenden Strapazen zu kräftigen.

**Dienstag den 20. Dezember.**

Während der Nacht wurde ich durch einen vom Bergabhange herabkollernden kleinen Stein, der durch das Dach der Hütte auf mein Lager fiel, gestört. Auch wurden wiederholt Schüsse vernommen, die von denen am Abend zur Jagd aufgebrochenen Eingeborenen herrührten. Wir erhoben uns schon sehr früh vom Lager; nachdem wir gefrühstückt und ich noch eine Photographie aufgenommen hatte, verfolgten wir die wildromantische Schlucht aufwärts. Die Nadelhölzer wurden zahlreicher, verschiedenartige Tannenbäume, denen Mexicos nicht unähnlich, von nahezu einem Meter und mehr Durchmesser erhoben sich bis zu 60 und 70 M. Höhe und zahlreiche Ahornbäume und Eichen traten gemischt auf. So passierten wir bei einer Temparatur von 18° Celsius zwischen 9 und 10 Uhr den Fuss eines dem Mt. Morrison vorgelagerten Berges, Pattakwan Omen genannt, ferner eine Schlucht, durch die eine Spitze des Mt. Morrison nur undeutlich in Wolken verhüllt zu erkennen war. Hier war Schiefergeröll, bis zu 4 m. aufgehäuft und einzelne mächtige Baumstämme, meistens Tannen von 2-3 m. Durchmesser hinderten den Weg. Wir hielten uns jetzt links und folgten von hier dem nördlich fliessenden Flusslauf, welcher sich sehr verengte. Zwei lieblich übereinanderliegende Wasserfälle mussten wir auf einem schmalen, engen Waldpfade, der sich an den steilen Uferabhängen hinzog, überklettern. Dies gelang auch glücklich nach einer halben Stunde, indem wir teils auf dem Bauche kriechend einen nur notdürftigen von den

Eingeborenen gebahnten Weg folgten, teils die Felsen mit Hilfe unser 2 m. langen Bambusstöcke erklommen.

Wir waren mit Rast etwa 3 ½ Stunde unterwegs und befanden uns um 12 Uhr 15 Min. in einer Höhe von 2500 m.

Auf dem Wege zwischen Tombo und Pattakwan

Nach zahlreichen Schluchten, in denen sich frische Spuren von Hirschen und Wildschweinen fanden, bogen wir jetzt in eine rechts vom Wege sich befindende andere, die mit zahlreichen Eiszapfen besetzt war, welche hinter Gestein und Geröll hervorblickten. Die Wilden und auch ich kühlten den Durst an diesem, in den Tropen so selten vorkommenden Eise. Der Weg wurde nun immer beschwerlicher, bis wir schliesslich Halt machten, da nicht ungefährliche Stellen an der fast senkrechten, aus Schiefer bestehenden Schlucht zu bewältigen waren. Die Grossartigkeit der Wildniss zeigte sich in dem Chaos entwurzelter Bäume, die von Moosen und Schlingpflanzen überwuchert waren. Hier waren die Nadelhölzer vorherrschend, vor allem imponierte mir eine mächtige nahezu 100 m. hohe Tanne, an deren Nadeln phantastisch lang herabhängende Flechten sich angesetzt hatten. Auch Kiefer und Weisstanne waren häufig.

Nach diesem beschwerlichen Aufstieg des von uns nun fast 8 Tage lang verfolgten Flusslaufes erreichten wir um 1 Uhr in einer Höhe von 2700 m. die Wasserscheide. Wie wir schon oben erwähnt haben, wird nicht allein der Berg, sondern die ganze Umgebung Pattakwan genannt. Sie bildet ein ziemlich ausgedehntes, nur spärlich mit Bäumen bewachsenes, leicht gewelltes Hochplateau. Mehrere Berge, die ich noch weiter unten beschreiben werde und die sich auf einer von uns mitgenommenen japanischen Generalstabskarte nicht eingezeichnet fanden, erheben sich zu einer Höhe von 3-4000 m. Oben auf dieser Wasserscheide steht ein mit einer breiten Krone geschmückter 15 m. hoher Tannenbaum von eigentümlicher Form, der ausgehöhlt ist und in dessen Inneres ich einen Stein als Zeichen meiner Anwesenheit niederlegte. Unsere Rast war nur von kurzer Dauer, da die Aussicht plötzlich durch herabfallende Wolken versperrt wurde. Das weisse Gestein, Quarzit, nahm sich zwischen dem Gras von weitem wie Schnee aus. Die Wilden brannten hier das über Fuss hohe Bambusgras auf weite Strecken ab, die von schmalen Fusspfaden in östlicher und nördlicher Richtung durchquert waren. Hier oben wohnt auch der mit den Tomboleuten befreundete Stamm Toaronshia, zu dem zwei Eingeborene abgesandt wurden, um unsere Anwesenheit, besonders aber unsere friedlichen Absichten anzumelden.

Um einen geeigneten Lagerplatz auszusuchen, verliessen wir das Plateau und begaben uns in den oberen Teil des nach Osten gerichteten Flusstales des Paffasassun etwa bis zu 2500 m. hinab, wo wir an dem krystallklaren Wildbach, der von schroffen mit Tannen und Bambusgras bewachsenen Felswänden eingefasst ist, eine günstige Stelle fanden. In unmittelbarer Nähe befand sich auch eine Jägerhütte, die bequem für 15 oder 20 Personen Raum hatte. Anstatt mit Laub und Aesten war sie mit Baumrinde bedeckt um bei schlechtem Wetter besseren Schutz gewähren zu können. Heute bauten wir uns jedoch zwei neue, ähnlich der am Tomboflusse. Mein Barometer schien bedeutend zu schwanken und der bis dahin leicht bewölkte Himmel wurde mehr und mehr von Wolken eingehüllt. Alles schien auf schlechtes Wetter zu deuten. Die zwei Hütten waren bald fertiggestellt und die Speisen in der früher beschriebenen Weise zubereitet; die Japaner kochten sich Reis mit gedörrtem Hirschfleisch und die Wilden einen Hirsebrei, der unserem Brot nicht unähnlich schmeckt, während ich, wie gewöhnlich Kakao genoss und mir heute, kurz vor dem Ziele eine Büchse Sauerkraut mit Schweinefleisch kochte.

Gegen 7 Uhr, als wir es uns in den Hütten schon gemütlich zu machen suchten, kehrten die von uns um 8 Uhr nachmittags abgeschickten Tombo-Wilden mit drei Leuten des nicht allzuweit wohnenden Toaronshia-Stammes zurück. Die in meiner Gesellschaft befindlichen Japaner Ishida und Ito befanden sich in der benachbarten Hütte, während ich mit meinem chinesischen und Wilden-Dolmetscher die angekommenen Eingeborenen begrüsste. Die Toaronshia-Leute schienen über Zweck und Absicht unserer Reise sehr misstrauisch zu sein. Der Häuptling machte einen fast drohenden Eindruck. Nach den Lauten und Gebärden zu schliessen, konnte er es nicht begreifen, dass wir einen bezopften Chinesen, mit denen sie auf Blutrache leben, in unserer Expedition mitbrachten. Gegen die Japaner und mich schien er nach den Auseinandersetzungen der Tomboleute weniger Groll zu hegen, zumal wir ihm zu verstehen gaben, das wir auch für ihn Geschenke mitgebracht hätten. Durch Vermittlung des chinesischen Dolmetschers entwickelte sich zwischen mir und dem Häuptling bald ein interessantes Gespräch. Dieser fragte nämlich, ob er nicht nach Landessitte einem unserer chinesischen Kulis den Kopf abschneiden dürfe. Ich bedeutete ihm, dass ich meine zum Teil ausserdem erkrankten chinesischen Kulis, aus diesem Grunde zurückgesandt hätte und bloss noch im Besitze eines Chinesen sei, dessen Kopf ich unter keinen Umständen entbehren könnte, da er als Dolmetscher für die Wildensprache in meinem und in Linkipo im Bukunshio in Diensten der Japaner stände, wo er stets den Verkehr mit den wilden Stämmen vermittelte und öfters das ihnen so seltene unentbehrliche Salz in die Berge liefere. Auch könnte ich ohne ihn nicht weiterreisen und sein Verlust wäre für mich ein empfindlicher. Mein chinesischer Dolmetscher berichtete mir selbst das Verlangen des Wilden nach seinem Kopfe mit ängstlicher Spannung.

Zunächst gab ich jedem dieser Toaronshia-Leute ein Paketchen Cigaretten und bald wurden die fremden Gäste zutraulicher. Der eine schien an meinem Tropenhelm besonderen Gefallen zu finden, setzte ihn auf und tanzte auf einem Beine; der andere verschlang mit neugierigen Blicken meine Bergschuhe und wog sie in den Händen, offenbar kamen sie ihm schwer vor, auch zog er sie an, aber ihr Nutzen schien ihm ein Rätsel, denn die Eingeborenen selbst gehen zu Hause barfuss, und für grössere Streifzüge in das Gebirge legen sie leichte, aus Hirschleder verfertigte Sandalen an. Besondere Achtung schienen sie vor meinen Schusswaffen zu haben, und ich erklärte mich bereit, ihnen morgen den Mechanismus zu beschreiben und sie von der Leistungsfähigkeit derselben zu überzeugen.

Gerade als ich mich kurz nach 8 Uhr vor meinem Lagerfeuer ausstreckte, um von des Tages Strapazen auszuruhen und wie gewöhnlich einige Chininpillen eingenommen hatte, kamen die beiden Japaner in meine Hütte und bedeuteten mir mit ernsten Mienen, es sei unter den Tomboleuten eine allgemeine Unruhe ausgebrochen, hervorgerufen durch ein Geräusch an der gegenüberliegenden Felswand. Ich erhob mich sofort, trat vor die Hütte und lauschte hinaus in die dunkle Nacht, konnte aber weiter nichts vernehmen, als das Knistern des Lagerfeurs, dessen roter Schein nur die nächsten Sträucher erhellte. Wahrscheinlich hatte ein losgelöster Stein oder ein durch den Feuerschein aufgeschreckter Vogel das von den Wilden vernommene Geräusch verursacht. Trotzdem liess ich mir sofort die beiden Häuptlinge des Toaronshia-und Tombostammes kommen, um sie auszukundschaften und zerstreute ihre Befürchtungen wegen eines nächtlichen Ueberfalles der auf Blutrache mit ihnen lebenden Tappangs. Diese, die auch im Mt. Morrisongebiete ihre Jagdgründe haben, hatten nämlich, wie mir nun der Häuptling des längeren auseinandersetzte, vor nicht langer Zeit auf der Jagd einen Tombojäger getötet und dessen Leute sich gerächt, indem sie wieder zwei Tappangleute umbrachten. Nach Stammessitte mussten nun 4 Tomboleute als Opfer gefordert werden. Diese Tatsache war mir bis jetzt noch nicht bekannt, jedoch Grund genug zu sofortigen Vorsichtsmassregeln, zumal die Tomboleute meine Führer waren und ein etwaiger Ueberfall für uns alle hätte verhängnisvoll werden können. Sofort wurden Waffen und Munition revidiert, meine Mauserselbstladepistole umgeschnallt und zwei Sicherheitsposten auf dem Pfad, den wir gekommen waren, oberhalb des Lagers aufgestellt.

Neben meinem Repetiergewehr, Modell 1898, besass ich noch einen Mauserkarabiner mit etwa 50 Patronen. Zu meiner freudigen Ueberraschung machte ich ferner die Entdeckung, dass meine Mauserpatronen auch in die Gewehre der Wilden passten und verteilte daher etwa 15 Patronen unter sie, forderte sie jedoch am nächsten Tage wieder zurück. Nach und nach schien sich wieder alles zu beruhigen, doch mit der Nachtruhe war es vorbei.

Zunächst zog ich mir wieder die Bergschuhe an und innerhalb meiner Hütte wurde die Laterne aufgehängt, während die beiden Japaner und ich am brennenden Holzfeuer abwechselnd die Nachtwache, stets zu zweien, übernahmen. Meine weiteren Anordnungen gingen noch dahin, falls wir einer Uebermacht weichen müssten, den Rückzug nur auf dem Pfade zu nehmen, den wir gekommen waren.

Nach einer Weile liess ich die beiden Japaner allein am Feuer zurück und kroch in die Hütte und siehe da, mein chinesischer Koch hatte es sich daselbst bequem gemacht und lag bereits fest in Morpheus Armen, offenbar durch Opium berauscht, unbekümmert, welche Ueberraschungen ihm eventuell noch bevorstehen könnten. Als ich wieder aufwachte, sprangen gerade zwei Mäuschen über mich hinweg. Erst glaubte ich zu träumen, doch es war Wirklichkeit; diese Tierchen, durch das warme Lagerfeuer hinter Stein und Fels hervorgelockt, suchten nach Speiseresten und liefen ungeniert herum. Für Chinesen und Wilde sind sie ein Leckerbissen und werden, am Feuer geröstet, mit Haut und Haaren verzehrt. Während der Nacht beobachtete ich wiederholt beim matten Schein des Lagerfeuers den Barometer, der ganz erheblich gefallen war. Der Himmel war bewölkt und vergeblich spähte ich nach einem Stern aus. Die Wilden hatten schlechtes Wetter vorausgesagt und das Orakel, das sie vor unserer Abreise in Tombo fragten, sollte schliesslich doch Recht bekommen.

**Mittwoch, den 21. Dezember.**

Immer noch hoffte ich auf gutes Wetter, denn kurz vor dem Ziele umkehren zu müssen, wollte mir nicht in den Sinn. Um 5 Uhr in der Frühe, als es zu dämmern anfing, wurde abgekocht und die nächsten Vorbereitungen zur Besteigung des Mt. Morrison getroffen. Nach 8-9 Stunden wollten wir wieder von der höchsten Spitze zurück sein, doch schon fielen die ersten Regentropfen. Bis dahin, seit dem 4. Dezember, unserem Aufbruche von Twatutia, war das Wetter stets günstig gewesen. Nun blieb weiter nichts übrig, als abzuwarten, doch die Aussichten wurden immer trostloser. Der Regen fiel derart in Strömen, dass auch die Hütten uns keinen Schutz mehr gewähren konnten. Die Toaronshia-Wilden, die sich gleichfalls unserer Besteigung anschliessen wollten, kehrten nach ihrem Dorfe zurück und meine Tomboleute schickten sich gleichfalls an umzukehren. Letztere konnte ich nur durch Versprechungen von ibrem Vorhaben zurückhalten, indem ich sie bat, doch wenigstens den morgigen Tag noch abzuwarten.

Unsere alten Lagerstätten wurden infolge des Regens schleunigst verlassen und mit der bereits erwähnten Jägerhütte vertauscht, die für alle genügend Raum bot und auch infolge ihrer Bedeckung mit Baumrinde hinreichend gegen den Regen schützte. Von den **Tomboleuten** kehrten drei nach dem Dorfe zurück, um Bericht zu erstatten, dass wir alle wohl und munter aber kurz vor dem Ziele eingeregnet seien. Ich hatte jetzt Gelegenheit, mich eingehender mit den Wilden zu beschäftigen. Sie erklärten, dass eine Besteigung des **Mt.** Morrison bei solchem Wetter ein Ding der Unmöglichkeit sei, denn Regen hier unten, bedeute Schnee auf den Gipfeln des Berges und gaben durch Gesten und Gebärden zu verstehen, dass es ihnen hier oben zu kalt wäre, da sie nichts zum Schutze der Beine und Hände hätten. Ich hatte mehrere Paare wollene Handschuhe und mehrere lange Strümpfe mit und versprach jedem ein Paar davon zu geben. Der Häuptling versicherte mir, man könnte nicht wissen, wie lange das schlechte Wetter anhalten würde. Auch seien die Nahrungsmittel bald zu Ende, aber zwei der Leute waren doch bereit, trotz des schlechten und nebligen Wetters, falls ich es wünschte, die Besteigung mit mir allein zu unternehmen. Die Japaner hatten längst die Lust verloren, denn auch sie sind gegen Kälte und Schnee sehr empfindlich. Deshalb suchten sie mich zu bestimmen, wieder umzukehren, da ja die Besteigung doch aussichtslos sei. Als der Regen nachliess, schöpfte ich wieder Hoffnung und im Laufe des Nachmittags hatte es den Anschein, als ob sich das Wetter aufklären wollte. Die Sonne machte Anstrengungen, hinter den Wolken hervorzubrechen, jedoch schon nach kurzer Zeit wieder befanden wir uns in Regen und Nebel; ersterer setzte derart ein, dass ich schon mit der Möglichkeit rechnete, mehrere Tage hier oben bleiben zu müssen. Wir konnten nicht mehr aus der Hütte heraus, denn der Wildbach war riesig angeschwollen und stürzte tosend und schäumend an uns vorbei. Noch während der ganzen Nacht rasselte der Regen in Strömen herab. An manchen Stellen regnete es durch das Rindendach hindurch; die schadhaften Stellen wurden von den Eingeborenen gleich mit in der Hütte bereitliegenden Reservestücken ausgebessert. Aber die Gefahr, von den feindlichen Tappangs überfallen zu werden, war wenigstem von uns genommen und beruhigt konnten wir uns der Nachtruhe hingeben, die wir die Nacht zuvor so schmerzlich entbehren mussten.

**Donnerstag den 22. Dezember.**

Als ich am nächsten Morgen früh in Wolken und Regen gehüllt den Barometer hervorholte, bemerkte ich ein fortwährendes Steigen und Fallen innerhalb ganz kurzer Zeit, sodass auf einen Umschlag in der Witterung zum Besseren zu hoffen war. Aber meine Begleiter hatten die Lust verloren, un d usserdem waren die Nahrungsmittel beinahe aufgebraucht. Deshalb fügte ich mich, wenn auch mit schwerem Herzen, in mein Schicksal und gab die Besteigung auf. Es war morgens ³/₄ 8 Uhr, als wir uns auf den Rückweg machten. Der Regen hatte völlig aufgehört, der Himmel war leicht bewölkt und als das Barometer innerhalb weniger Minuten fast zwei Millimeter in die Höhe ging, war ich wieder unschlüssig und wollte die Besteigung dennoch versuchen. Da machte uns das launische Wetter schon wieder einen Strich durch die Rechnung und unter solchen Umständen hatte schliesslich auch ich die Lust verloren. Unsere Expedition bestand jetzt nur noch ausser mir aus 7 Eingeborenen (drei hatten sich gleich im Anfang bei Gelegenheit eines Jagdstreifzuges verloren und drei waren Tags zuvor nach Tombo zurückgeschickt worden), zwei chinesischen Kulis und den beiden Japanern.

Denselben Weg, den wir gekommen waren, schlugen wir in umgekehrter Richtung über das in dichtem Nebel gehüllte Hochplateau Pattakwan ein, während der Blick nach Westen der Ebene zu frei war, aus der sich zahlreiche Regenwolken in die Höhe auf uns zu bewegten, da wir über den Wolken standen. Dies war offenbar ein günstiges Zeichen für bevorstehendes gutes Wetter. Schon nach 1 ¹/₂ Stunden erreichten wir in einer Höhe von 1800 m. unseren alten Bekannten, den Tonofluss, an dem entlang wir abwärts stiegen. An einem Wasserfall, der hier vom Tashban gebildet wird, wie der obere Teil des Tonoflusses heisst, stand eine ganz neue Hütte, die wahrscheinlich von den Wilden, die wir gestern zurückgesandt hatten, als Nachtquartier erbaut war. Der Abstieg ging sehr rasch von statten. Wir machen verschiedene Male Rast, passierten unsere alten stehengebliebenen Hütten, und als eben die Sonne unterging und die letzten Strahlen den Gipfel des Tombo-Berges umspielten, langten wir an jenen steilen Geröllhalden an, die uns auch schon auf dem Hinwege solche Schwierigkeiten in den Weg gelegt hatten. Aber auch das letzte Hindernis war genommen und auf Bitten der Wilden gab ich einen Signalschuss ab, der unsere Ankunft melden sollte. Die Japaner waren ganz erschöpft und schienen wegen der schnellen Gangart, die ich anschlug, ärgerlich. Schon kurz nach 7 Uhr erklomm ich die steilen Ufer des Tombo-Flusses, wo ich nur noch einige 100 m. vor dem Dorfe Halt machte, um auf die Zurückgebliebenen zu warten.

Es fing bereits an zu dämmern, als wir in Tombo anlangten. Sämtliche Bewohner des Dorfes, Frauen und Kinder, standen vor ihren Hütten, um uns zu begrüssen. Auch Herr Greiner war mir entgegengekommen, neugierig nach dem Resultate sich erkundigend. Nur mit grosser Anstrengung konnte ich meinen Aerger vorbergen, dass ich nach so vielen Mühen und Strapazen so kurz vor dem Ziele umkehren musste. Den Japanern war der Ausgang unserer Expedition ziemlich gleichgültig, indem sie erklärten, dass sie für vieles Geld diese Tour nicht noch einmal unternehmen würden. Herr Greiner suchte mich zu trösten und bald war ich bei einem Gläschen Sekt und sonstigen Erfrischungen, die er bereit hielt, ausgesöhnt. Auch der Stammälteste und die übrigen Dorfbewohner umringten mich und zogen mich fort von Hütte zu Hütte, um mich in den einzelnen Familien zu zeigen.

Nach den gemeinschaftlich bestandenen Strapazen waren sie wie die Kinder ganz zutraulich und schienen mich wie einen ihrer Stammesgenossen zu betrachten. Die meisten Frauen in den Hütten bereiteten in steinernen Gefässen für die hungrig Zurückkehrenden den Gebirgsreis. Auch wurde mir wiederholt das von ihnen aus Hirse hergestellte Getränk, «Napus» genannt, angeboten, das ich, um nicht unhöflich zu sein, nach der Landessitte mit dem Geber gemeinschaftlich trank.

Händeringend kam mir eine ältliche Frau mit einem 10 jährigen Jungen entgegen und flehte mich an, dem Kinde zu helfen. Dasselbe hatte hohes Fieber, war in eine Decke gewickelt und klapperte mit den Zähnen. Zunächst kräftigte ich es durch ein Glas Kognak und gab ihm eine gehörige Dosis Chinin.

In meiner Hütte beriet ich nun mit Herrn Greiner wegen einer neuen Tour und ob er Lust hätte mitzukommen. Aber davon wollte er selbst gegen eine grosse Belohnung nichts wissen. Auch mit ihm hatten sich die Eingeborenen des Dorfes vertraut gemacht, indem sie ihm anboten, ihn zum Häuptling zu machen, was er aber dankend ablehnte, da er schlechte Erfahrungen gemacht hatte. Allerdings waren dies die Wilden Nordformosas, welche wie erwähnt, die chinesischen Arbeiter bei einem Kampferofen überfallen und ihnen die Köpfe abgeschnitten hatten. Deshalb war Herr Greiner stets sehr skeptisch vor diesen scheinbar harmlosen Natursöhnen und ertheilte mir des öfteren Ermahnungen, mich mit ihnen nicht allzusehr vertraut zu machen Auch erzählte er mir ein persönliches Erlebnis mit den Wilden Nordformosas, die in den Distrikten des Mt. Silvia ihre Wohnsitze haben. Hier stand er mehrere Jahre in Diensten eines deutschen Kaufmanns, des Grafen Buttler, der vor dem japanischchinesischen Kriege ein nicht unbedeutendes Kampfergeschäft betrieb. Nach diesem für die Chinesen so unglücklichen Kriege, der mit der Abtretung Formosas an Japan endigte, machten die Japaner den Versuch das Kampfergeschäft zu monopolisieren, was sich jedoch nicht verwirklichen liess, denn wiederholte Expeditionen nach den undurchdringlichen Urwäldern, in denen das kostbare

Kampferholz wächst, waren gegenüber den vielfachen Ueberfällen und Beunruhigungen durch die eingeborenen Kopfjäger machtlos. So haben denn auch in den letzten Jahren die Japaner das Kampfer-Monopol an eine Privatgesellschaft verpachtet. Herr Greiner war durch seinen Verkehr mit den eingeborenen Stämmen Nordformosas mit deren Lebensweise und Gewohnheiten vollkommen vertraut. Er unterhielt neben den vom Grafen Buttler betriebenen Kampferöfen auch solche ziemlich weit vorgeschoben in gefährlichen Distrikten für eigene Rechnung.

Trotzdem er unter den Wilden genau bekannt war und letzere ihm wiederholt versprechen mussten, seine eigenen chinesischen Kulis, die er nur für schweres Geld bei seinen Oefen anstellen konnte, kein Leid anzutun, so fand er doch eines Morgens seine sämtlichen Arbeiter ohne Köpfe in einer Blutlache vor. Für Greiner war dies ausserdem ein bedeutender Verlust, da die eingerichteten Kampferöfen verlassen blieben und infolge dieses Ereignisses keine chinesischen Arbeiter mehr für die Unterhaltung der Oefen zu bekommen waren.

Herrn Greiner selbst haben die Eingeborenen nie etwas zu Leide gethan. Er war ein Badener Kind, Sohn eines Zimmermanns aus der Gegend des Bodensees, eine jener abenteuerlichen Gestalten, welche unzufrieden mit sich selbst, beständig bestrebt sind, in den verschiedensten Verhältnissen ihr Glück zu machen. Nachdem er vier Jahre in Kehl bei den Pionieren mit Auszeichnung seine Militärdienstzeit beendet hatte, trieb ihn sein unruhiger Geist nach Algier in die Fremden-Legion. Hier brachte er es bis zum Feldwebelsrange, beteiligte sich an verschiedenen Expeditionen und kam auch im Jahre 1885, bei der französisch-formosanischen Expedition unter dem Vice-Admiral Courbet nach Formosa und machte hier die Eroberung von Kilung mit. Aber auf die Dauer hielt er es in der Fremdenlegion nicht aus und benutzte einen günstigen Augenblick, um zu entwischen. Er begab sich direkt zu dem chinesischen General und Kommandanten von Formosa, der ihn mit einem monatlichen Gehalte von 150 Dollars in seine

Dienste aufnahm. Die Franzosen zogen, nachdem sie bei Tamsui zurückgeschlagen waren und so ihre Expedition in Formosa gescheitert war, wieder ab. Greiner trat schliesslich, wie erwähnt, in die Dienste des Grafen Buttler. Mittlerweile hatte er sich auch mit einer Chinesin verheiratet, von der er mehrere Kinder hatte. Sein Schwager war auch in unserer Expedition als Koch, wurde aber in Linkipo zurückgelassen. Greiner beherrschte vollkommen die chinesische und die Eingeborenen-Sprache. So erzählte er mir einmal, dass er sich bei einem Besuche seiner Kampferöfen im Urwald verirrt und stundenlang vergebens nach dem Rückwege suchte. Er trat aus dem Walde heraus und zwar in einer ihm völlig unbekannten Gegend. Nicht weit bemerkte er eine Wilden-Ansiedlung und machte sich den Bewohnern bemerkbar, die sich seiner freundlich annahmen, ihn bewirteten und ihm das Beste, was sie ihm bieten konnten, vorsetzten, so auch am Rost gebratene Bärentatzen. Dann brachten sie ihn auf den richtigen Weg.

Nach dieser Abschweifung kehren wir wieder nach Tombo zurück. Zunächst hatte ich mit Greiner beschlossen, am nächsten Tage noch zur Erholung hierzubleiben, bevor wir definitiv zurückkehren wollten.

**Freitag den 23. Dezember.**

Nächsten Tag in der Frühe besuchte mich einer der Häuptlinge, der sich an der eingeregneten Expedition beteiligt hatte, mit der dringenden Bitte, ihm doch die Ehre meines Besuches in seinem Dorfe, Saigo genannt, anzutun, das gleichfalls auf einer Anhöhe in einer Entfernung von 8 km. abwärts auf dem linken Flussufer gelegen war. Ich vertröstete ihn auf den Nachmittag; denn das Wetter war immer noch sehr zweifelhaft. Trotzdem brach die Sonne durch die Wolken. Herr Greiner ersuchte mich, doch der Einladung des Häuptlings Folge zu leisten, da mir dies von ihm sonst als Nichtachtung übel ausgelegt werden könnte. Die Geschenke, die ich fast zum grössten Teil verteilt hatte, bestanden nur noch in Feuerzeugen und einigen Kopftüchern für die Frauen. Nachmittags 3 Uhr verliess ich also in Begleitung zweier Wilden und meines chinesischen Dolmetschers Kohe, Tombo. Unser Weg führte zunächst flussabwärts auf dem rechten Ufer des Tomboflusses entlang, dann quer über den Fluss auf einem sehr primitiven, aus Bambus und Baumästen hergestellten Steg, über den wir schwankend einer nach dem anderen hinüberkletterten. Das jenseitige Ufer musste über lose Felsen genommen werden. Die Wilden, die ich 2-3 Schritt vor mir gehen liess, waren heute guter Dinge, lachten und scherzten und liessen des öfteren ihr melodisches ho-ja-de-ho!, dem Jodeln der tyrolischen Bergführer nicht unähnlich erschallen. Auch ich stimmte zuweilen mit ein und liess dazwischen mitunter die schrillen Töne meiner Torpedopfeife ertönen. Die Wilden baten mich dann um die Pfeife, auf der sie ihre Künste auch probieren wollten. Unser Pfad führte in Schlangenlinien immer höher den Berghang hinauf, der zu beiden Seiten mit Kajasgras bewachsen war. Stellenweise waren auch kahle Stellen, die die Wilden in Kultur genommen hatten, um hier ihre süssen Kartoffeln, Hirse und Reis selbst zu bauen. Was mir am gegenüber liegenden Bergabhang auf dem rechten Ufer auffiel, war eine Menge kahler Stellen, auf denen zerstreut vereinzelte Ansiedelungen, bestehend aus je nur einer Hütte, lagen. Die Bewohner derselben waren gleichfalls Angehörige des Tombostammes; sie hatten sich aber, um ihre Felder bequemer bewirtschaften zu können, in unmittelbarer Nähe derselben niedergelassen, jedoch wurden diese Hütten, wie mir scheint, nur während der Bebauung der Aecker vorübergehend bewohnt, denn ihre festen Wohnsitze haben diese Leute im Dorfe, wohin sie nach Schluss der Ernte zurückkehren. Nach 1 1/4 Stunde erreichten wir unser Ziel. Meine Ankunft verbreitete sich mit Blitzesschnelle durch das ganze, etwa aus 14-20 Hütten bestehende Dorf.

Der Häuptling führte mich zunächst in seine Hütte, machte mich mit seiner ganzen, sehr zahlreichen Familie bekannt und forderte mich mit dem Ausrufe «songho» zum Sitzen auf. Mein Gewehr liess ich umgeschnallt, da ich fortwährend gedrängt wurde, ihnen doch den Mechanismus zu erklären. Es war ein Kavallerie-Karabiner Modell 98, ihr Erstaunen kannte keine Grenzen, als ich ihnen erklärte, dass man in einer Minute mehrere Schüsse abgeben hönnte. Besonders imponierte ihnen die oben in dem Schafte befindlichen Reserve-Patronen. Sie liessen mir keine Ruhe, bis ich ihnen einen Probeschuss auf 100-120 m. abgab. Vor dem Dorfe suchten wir eine geeignete Stelle und zwar mussten die Wilden selbst einen Punkt am Stamme eines mächtigen Baumes angeben. Die Frauen blieben in der Hütte und schienen kein Interesse zu haben, während Männer und Kinder Augenzeuge waren. Der Häuptling bezeichnete mit seinem Schwertmesser durch einen Einschnitt das Ziel, die anderen schienen alle ungläubig, als ich jedoch nach zwei abgegebenen Schüssen sie aufforderte, nachzusehen, entspann sich ein Wettlauf und als sie nun den Baum erreichten und die Einschlagstellen der Kugeln bemerkten, ging unter den Rufen «Ui Ui Uih!» ein furchtbares Gehacke auf den Baum los, indem die meisten ihre Schwertmesser zogen und nicht eher ruhten, bis sie die Geschosse aus dem Baume herausgebohrt hatten. Es ist ja begreiflich, dass sie über einen Schuss auf diese Entfernung auf das höchste erstaunt waren, da sie selbst, wie oben erwähnt, nur aus nächster Nähe schiessen. Blei ist einer ihrer begehrtesten Artikel, den sie sich ebenso wie das Pulver von den Chinesen eintauschen.

Nach der Hütte zurückgekehrt, wurde ich wieder in der üblichen Weise mit dem Hauptgetränke, dem Napus, bewirtet. Diesmal jedoch brachten sie mir ihn in einer alten Bierflasche europäischen Ursprunges. Die Frauen, etwa 5 bis 6 an der Zahl, die auch aus den benachbarten Hütten herbeigekommen waren, waren von nicht übler Gestalt und trugen die Tuchstoffe, welche ich bei meiner Ankunft in Tombo ausgeteilt hatte, turbanartig um den Kopf gewunden. Ihre schmutzig gelbe Gesichtsfarbe und die dunklen, feurig blickenden Augen liessen den malayischen Typus deutlich erkennen. Ich wurde aufgefordert, bei meinen Gastgebern zu übernachten, zog es jedoch vor, meinen Besuch nicht allzulange auszudehnen. Es that mir deshalb leid, als ich vernahm, der Häuptling habe mir zu Ehren sein Hausschwein geschlachtet. Ich wurde dringend gebeten, meinen Besuch so lange auszudehnen, bis ich von diesem Fleische gegessen hätte. Dies konnte ich nun nicht gut abschlagen, musste aber dazu fast mit jedem Erwachsenen gemeinschaftlich Napus trinken, den sie aus den Hütten in Bambusgefässen und Kokusnusschalen herbeischleppten. Nur die List, dass ich aus jedem Gefäss nur nippte, konnte mich vor einem kräftigen Rausche bewahren. Mittlerweile waren auch in einer grossen, eisernen, offenbar von den Chinesen erhaltenen Pfanne, die edlen Teile des Schweins, darunter Herz, Leber, Lunge gedämpft und unter allgemeinem Jubel offerierte mir die Frau des Häuptlings das Herz auf einem Holzbrette, mich mit erwartungsvollen Blicken musternd, was ich nun damit beginnen würde. Zunächst dankte ich, indem ich mich vor ihnen verbeugte, schnitt das Herz in Stücke und verteilte letzere unter den anwesenden Frauen, die sich anfangs weigerten etwas anzunehmen doch schliesslich, als ich selbst ein Stück ergriff und es zu Munde führte, unter allgemeinem Lachen nachgaben und sich gleichfalls das Fleisch gut schmecken liessen. Auch die übrigen griffen in die Pfanne und holten sich Stücke mit der Hand heraus. Infolge des genossenen Napus wurde die wilde Gesellschaft immer lebhafter und mir dabei unheimlich zu Mute. Da selbst in dem zivilisierten Europa betrunkenen Menschen alles Mögliche zuzutrauen ist, beschloss ich endlich aufzubrechen, denn die mich umtorkelnden Eingeborenen umarmten und liebkosten sich gegenseitig und vollführten sonstige Kindereien, denen auch ich mich jeden Augenblick aussetzen konnte. Nachdem ich mich nochmals bedankt und den Frauen weitere Kopftücher als Gegengeschenk versprochen hatte, brach ich auf, beladen mit einem Viertel von dem Schwein, das ich meinen Dolmetscher tragen liess. Die beiden betrunkenen Wilden, die mit ihren Gewehren leicht Unvorsichtigkeiten begehen konnten, liess ich vor mir hergehen. So langten wir, als es bereits dunkel geworden war, wieder in Tombo an.

**Sonnabend, den 24. Dezember.**

Die Nacht war empfindlich kalt, zeigte doch das Thermometer — 2° Celsius und vor der Hütte hatte sich Eis gebildet. Die kalte Luft zog durch die Wände unserer luftigen Bambushütte. Das im Kamin brennende Feuer war erloschen und ich musste die ganze Nacht trotz Decken frieren. Aber ein definitiver Witterungsumschlag zum Besseren war eingetreten. Als ich mich gegen drei Uhr in der Frühe von meiner Pritsche erhob und vor meine Hütte heraustrat, stand der Mond fast senkrecht über der Hütte. Es war eine klare Tropennacht und alle Anzeichen deuteten darauf hin, dass wir nun auf mehrere Tage gutes Wetter behalten würden, da erst am 27. Mondwechsel war. Im Dorfe herrschte vollkommene Ruhe, alles lag noch in tiefem Schlafe. Beim Anblick des klaren Sternhimmels und in Anbetracht der guten Wetteraussichten war mein Entschluss gefasst, es nochmals mit einer Besteigung zu versuchen. Sofort teilte ich ihn Herrn Greiner mit, aber derselbe war anscheinend nicht sehr erfreut, da er schon für den nächsten Tag Vorbereitungen zum Verlassen des Waldgebietes getroffen hatte. Doch schliesslich fügte er sich in sein Schicksal, noch weitere drei Tage in Tombo zubringen zu müssen. Es galt nun die Japaner und die Wilden für mein Projekt zu gewinnen. Schon in aller Frühe liess ich den Häuptling meine Absicht wissen und zwar bat ich ihn, mir nur 5 seiner tüchtigsten Leute als Führer mitzugeben, denn ich war zu der Ueberzeugung gekommen, dass eine grössere Anzahl für mich ein Hemmnis sei. Die Japaner, worunter auch der in meinen Diensten stehende japanische Dolmetscher Ito, lehnten direkt ab. Mein chinesischer Koch und Wildendolmetscher Kohé zeigte auch keine Lust und zwar führte er als Hauptgrund an, sein Opium sei ausgegangen. Als ich ihm aber aus meinem Arzeneikästchen ein Fläschchen mit Hoffmannstropfen übergab und ausserdem eine Extrabelohnung zusicherte, schien er wieder entschlossen mitzukommen. Von den Wilden meldeten sich Ebi und Ibi, die mich gestern nach Saigo begleitet hatten, sowie Biung, Wishian und Hussung. Die drei ersteren waren bereits in einem höheren Alter, während letzere noch im Jünglingsalter standen und sich auch seiner Zeit bei der 2 Jahre zuvor stattgehabten Expedition des Professors Honda beteiligt hatten.

Die Frauen des Dorfes machten ihren mitziehenden Angehörigen den Proviant zurecht und auch Herr Greiner sorgte in jeder Beziehung für die Vorbereitungen. Diesmal nahm ich nur das allernotdürftigste mit auf den Weg. Den Wilden bedeutete ich, die Flinten zu Hause zu lassen, da meine Waffen mehr als genügten, instruierte sie in der Handhabung derselben und so begaben wir uns nach allgemeinem Abschiede um 1/2 9 Uhr auf den Weg.

Es war ein herrlicher, klarer Morgen, der Tau hing an den Grashalmen, die Vöglein sangen muntere Lieder, die Wilden waren frohen Mutes und auch ich war in der heitersten Stimmung. Schon 10 Uhr 20 Minuten waren wir wieder an jener mit Moos und Farrenkräuter bewachsenen Stelle, um 1/2 1 Uhr mitten im Laubwald, nachdem wir zur Linken drei Wasserfälle und in einer Höhe von 1200 m. bei einer Temperatur von 21° Celsius die wildromantische Schlucht des Tonoflusses passiert hatten. Auch kamen wir an der früher von uns errichteten Hütte vorbei. Um 1/2 3 Uhr fand sich neben einem Wasserfalle eine zum Lager günstige Stelle mit zahlreichen frischen Hirschspuren und hier schlugen wir das Nachtquartier auf. Es war ein reizender Platz: im Hintergrunde ragten in südöstlicher Richtung die nur noch etwa drei Stunden entfernten zackigen Spitzen des Pattakwan auf, unten in unmittelbarer Nähe des Falles ein mächtiger Tannenbaum, über demselben, hoch über der Schlucht ein rauschender Wasserfall. An der Tanne befestigte ich die deutsche und japanische Flagge. Da meine Gedanken immer wieder zum Weihnachtsabend zurückkehrten, liess ich durch meinen Dolmetscher den Wilden erklären, dass heute in meiner Heimat ein allgemeines Familienfest sei, wobei ein jeder Geschenke empfängt. Bald brannte ein lustiges Lagerfeuer und mitten unter den Wilden sitzend, liess ich ihnen durch Kohé in ihren Bambusgefässen eine Bohnensuppe mit Schweinefleisch verteilen. Dazu bekam jeder noch ein Päckchen Zigaretten und so sassen wir lange bis in die tiefe Nacht hinein in heiliger Weihnachtsstimmung; der Mond sah unserem Treiben lächelnd zu. Die Sterne funkelten gleich Weihnachtskerzen über der Schlucht. Bald aber trieb uns die Müdigkeit in die Hütte zur Ruhe und mitten im Urwalde tauchte heimatlich die schöne Weihnachtszeit im Traume auf.

Pattakwan 2430 m. über dem Meere, Wasserscheide zwischen der Ost- & Westküste

**Sonntag, den 25. December.**

Wir brachen schon früh auf, noch bei Dämmerlicht um 7 Uhr morgens. Um 8 Uhr 15 Minuten erreichten wir eine Höhe von 1650 m. bei einer Temperatur von 10° Celsius. Des öfteren machten die Wilden Halt und zündeten sich ein kleines Feuer an, um sich zu wärmen. Ueberhaupt sind sie gegen Kälte sehr empfindlich.

Drei Stunden früher als das erste Mal, erreichte ich mit meinen Begleitern das Hochplateau von Pattakwan. Es war herrliches Wetter. Kein Wölkchen zeigte sich am Himmel. Von hier oben machte ich eine photographische Aufnahme;

Pattakwan mit Saltospitze, Wasserscheide

es war leider eine meiner letzten Platten. Im Hintergrund nach Süden bemerkte man die nördlichste Spitze des Mt. Morrison, welcher sich steil, die Abhänge unter einem Winkel von 45° geneigt, in einer Entfernung von 10-12 km. Luftlinie befand. Hier zum ersten Male war es infolge des klaren, fernsichtigen Wetters möglich, eine topographische

Aufnahme der Umgebung nach allen Himmelsgegenden zu machen.

Der Blick streifte von dem Standpunkte des obenerwähnten Tannenbaumes nach Westen gerichtet über den nach der Ebene zu sich allmählich verflachenden parallel verlaufenden Ketten der Vorberge des Niitakayama, welche sich von N. nach S. hinziehen und mit gemischten Laub-und Tannenwäldern dicht bewachsen waren. Rechts zog sich

Aussicht nach Westen vom Pattakwan

an der unteren Nordseite entlang ein ausgedehnter Tannenwald, der Berg war jedoch oben kahl und nur mit buschigen Gräsern bewachsen. Nach Osten sehen wir zunächst in unmittelbarer Nähe die weit ausgedehnten Grasflächen von Pattakwan, dann nach der Ostküste die mehrere 1000 m. steil abfallenden parallelen Gebirgszüge, die jedoch nicht gleichmässig bewaldet, sondern zum grossen Teil mit weit ausgedehnten kahlen Abhängen versehen sind. Auch hier haben die Eingeborenen zum grössten Teil den Wald durch Feuer zerstört, um ausgedehntere und bequemere Jagdgründe zu erhalten. Etwa nur ein Drittel der Berge zeigt noch Urwaldbestand.

Nach Süden zeigte der Blick zunächst wieder die baumlose, mit Gras bewachsene Höhe des Pattakwan-Berges, das Flusstal des Paffasassun und im Hintergrunde, wie oben schon erwähnt, die gleich dem Rücken eines Dromedares mit zwei Höckern versehene nördlichste Spitze des Mt. Morrison, die nach Westen steil abfallend nach Osten und Nordosten in den oberen Regionen mit dichten Tannenwaldungen bewachsen ist, die sich allmählich in ein ausgedehntes Grasland verlieren.

Nach den nötigen Aufzeichnungen und Skizzen meinerseits brachen wir wieder nach unserem früheren Lagerplatze auf, in dessen Nähe wir schon früher zwei Nächte biwakiert hatten. Die Sonne stand fast senkrecht über uns, und als ich mich eben anschickte in das Flusstal hinabzusteigen, blieben meine Wilden wie angewurzelt stehen und spähten über das Tal hinüber an die steilen dichtbewaldeten Abhänge des nach Osten sich ergiessenden Flusses. Aus ihren Gebärden war zu schliessen, dass sie einen Hirsch zu erblicken glaubten. Nach minutenlanger Beobachtung kam ich und auch die Wilden zu der Ueberzeugung, dass sie sich getäuscht und die Aeste eines abgestorbenen Baumes für ein Hirschgeweih gehalten hatten.

Hier oben durch die herrlichen zahlreichen Tannen kam mir wieder zum Bewusstsein, dass Weihnachten sei. Ich liess es mir deshalb nicht nehmen, durch einen Eingeborenen die obere Spitze eines Tannenbaumes abschneiden zu lassen und sie mitzunehmen. Rasch hatten die Wilden zwei Hütten fertiggestellt und sassen bald darauf vor der ihrigen um ein Lagerfeuer, gemütlich rauchend und sich ihre Mahlzeit kochend. Vor der meinigen wurde der Tannenbaum aufgepflanzt und oben mit meinem Tropenhelm und der japanischen Flagge verziert, die mir Herr Ishida mitgegeben hatte. Wir alle befanden uns in richtiger Feiertagsstimmung, wurde doch die für morgen endgültig festgesetzte Besteigung des Mt. Morrison und all das Neue, das wir dort oben noch sehen sollten, durch keine ungünstigen Vorboten gestört. In heiterster Laune erteilte ich meinen Begleitern Unterricht in der Handhabung meiner Schiesswaffen. So kam der Abend heran und von heimatlichen Erinnerungen geleitet, versammelte ich die Wilden um mich, um ihnen noch einmal die Bedeutung des Weihnachtsfestes und des Tannenbaumes auseinanderzusetzen, etwa in folgender Weise. Auch die Eingeborenen feiern gewisse Feste, so das Kopffest, das dem Gedächtnis ihrer Ahnen gewidmet ist, welche durch die eingelieferten Chinesenköpfe gewissermassen für jene grässlichen Schlächtereien, welche einst die Chinesen vor hundert Jahren an diesen harmlosen Wilden begangen haben, als sie die Insel eroberten, versöhnt werden sollen. Auch ihre Vettern, die Holländer hätten aus der fernen Heimat in früherer Zeit das Weihnachtsfest mit nach Formosa gebracht und hier immer gefeiert. Nur sei es ihnen jetzt fremd geworden, da jener Verkehr seit dem Verlassen der Insel durch die Holländer aufgehört habe und die alte Tradition vergessen sei. Ich sei jetzt gekommen, um den alten Brauch wieder bei ihnen zu erneuern und hätte ihnen auch Geschenke mitgebracht. So verteilte ich unter sie Handschuhe, die sich besonders praktisch bei der Kälte am folgenden Tage bei der Besteigung erwiesen, lange Strümpfe zum Schutze ihrer nackten Beine, Zigaretten und ausserdem wurde jeder mit einer Tasse Kakao zur Feier des Tages gestärkt.

Noch lange sassen wir vor dem glimmenden Feuer, wobei ich ihnen mit Hilfe meines Dolmetschers die hauptsächlichsten Ausdrücke ihrer Sprache in das Japanische und Deutsche übersetzte. Es war empfindlich kalt. Durch die Wärme des Lagerfeuers angelockt, stellten sich auch wieder die kleinen Feldmäuse bei uns ein, doch die Wilden, die nicht schliefen, liessen sich ihren Leckerbissen nicht entgehen, spiessten sie auf Bambusstäbchen und rösteten sie mit Haut und Haaren. Auch mir wurde das Hinterteil einer so zubereiteten Maus angeboten, wobei einer der Kerle sich mit sichtlichem Behagen mit der Hand über den Bauch strich.

Der chinesische Dolmetscher, in dessen Heimat bekanntlich Mäuse ja auch zu den Leckerbissen gehören, kostete auch davon und liess sich den seltenen Weihnachtsbraten gut schmecken. Aber ich, so gross auch die Versuchung war, alles kennen zu lernen, lehnte das freundliche Anerbieten meiner Genossen dankend ab. Die Schlucht, in der wir uns befanden, war durch den fast senkrecht über uns stehenden Mond hell erleuchtet. Es war in der Tat das schönste Weihnachtsfest meines Lebens, denn über mir zogen sich hunderte von Riesentannenbäumen bis zu dem Hochplateau von Pattakwan hinauf, lauter Christbäume, über denen statt flackernder Weihnachtskerzen ein tropischer Sternhimmel funkelte.

**Montag, den 26. Dezember.**

Schon kurz nach 4 Uhr war der Mondschein in unserer Schlucht verschwunden, doch zeigte sich bald das Dämmerlicht. Ich wollte so früh als möglich, am liebsten schon in der Dunkelheit aufbrechen. Unser Thermometer zeigte —3° Celsius und meine Wilden schienen nicht besonders erfreut in einer solchen Kälte die Besteigung zu unternehmen. Nach einem warmen Frühstück und nachdem sich die Wilden mit den geschenkten Handschuhen und wollenen Strümpfen versehen und ich ihnen noch meine warmen Decken und dem Anführer sogar meinen Winterüberzieher hergegeben hatte, brachen wir um 6 Uhr auf.

Den chinesischen Koch und Dolmetscher mussten wir bei unserem Gepäck lassen. Er war sehr traurig und teilte mir seine Befürchtungen wegen eines Ueberfalls der Tappangs mit, worauf ich ihm zu seinem Schutze noch meinen Revolver gab. Wir überschritten nun zunächst den Paffasassun-Fluss. Die beiden ältesten der Eingeborenen, Ebi und Ibi, übernahmen die Führung; ich ging in der Mitte, während die übrigen mir folgten. Wie die Katzen kletterten meine Begleiter an einer 20 m. hohen Bergwand, die direkt von dem Flusse aufstieg, an Bäumen, Sträuchern und Wurzeln etwa 20 Minuten lang empor. Ich konnte meinen Führern nicht so rasch folgen, sodass sie einige Meter Vorsprung bekamen, bis ich schlieslich auf eine falsche Fährte kam, hilflos an der senkrechten Wand hing und weder vor noch rückwärts konnte. Die mir folgenden Wilden erblickten mich in meiner schwierigen Lage, doch auch sie konnten mir anfangs nicht helfen und erst, als ihre vordersten Genossen zurückgekehrt waren, befreiten sie mich aus derselben vermittels ihrer langen Bambustäbe und eines Seiles, das wir bei dieser Tour bei uns führten. Wir verliessen jetzt die senkrecht abfallende Felswand und befanden uns in einer noch immer ziemlich steil ansteigenden, engen Schlucht, die mit Moos, Bambus und Tannen bewachsen war, wo wir durch ein Chaos durcheinanderliegender, ebenfalls mit Moos bewachsenen Steinblöcken und über die, durch Unwetter entwurzelten mächtigen Baumstämme hinwegklettern mussten. Die Wilden lenkten meine Aufmerksamkeit auf einen schon Jahrzehnte lang hier modernden Baumriesen von einem Durchmesser von etwa 6 m. und einer Länge von 20-30 m. Der Baumstamm war dicht mit Moos und Farrenkräutern bewachsen und auf der ihn bedeckenden Humusschicht wuchsen mehrere andere Tannen und Nadelhölzer hervor. Der Anblick dieser gewaltigen Baumleiche erinnerte mich an die Kryptomerienwälder in Kalifornien, an deren Jahresringen ein Alter von 3 bis 4000 Jahren festgestellt ist.

Kurz nach 7 Uhr verliessen wir den Grat von Pattakwan, denn so wird auch dieser Berg genannt und traten hinaus auf eine in weissem Reif schimmernde Grasfläche. Die dunkelgrünen Tannen am Waldessaume, von denen lange Flechten herabhingen und der Schein der Morgensonne, welcher die obersten Spitzen des Pattakwan golden beleuchtete, erhöhte die Feiertagsstimmung. Das vor uns hingezauberte malerische Bild, das durch einen tiefblauen wolkenlosen Himmel abgeschlossen wurde, bleibt mir unvergesslich. Ringsherum die tiefste Morgenruhe. Meine Wilden zeigten auf die sonnenbeschienene Spitze und schienen es sehr eilig zu haben, dort oben anzukommen, um sich in der wärmenden Sonne auszuruhen. Ich konnte ihnen wegen des sehr steilen Anstieges nicht so rasch folgen, auch wollte ich mir dieses unvergessliche Bild recht tief einprägen. Mit ihren nackten Füssen hatten die Wilden unter der Kälte sehr zu leiden, und ich bedauerte die armen Burschen, die sich mehrmals zur Erwärmung ein Feuer anmachten. Bald hatte ich sie wieder eingeholt und wir waren jetzt in einer Höhe von etwa 2000 m. auf der höchsten Spitze des sogenannten Pattakwan-Berges.

Hier oben weilten wir nahezu eine Stunde und ich freute mich am 21. Dezember unten eingeregnet zu sein, denn niemals hätte ich bei so klarem Wetter ein solches Naturschauspiel haben können, wie es sich hier oben unsern Blicken darbot.

Zunächst stellte ich an der Hand des Kompasses genau die 4 Himmelsrichtungen fest und liess mir von den Eingeborenen die Namen sämtlicher Berge nennen, die auf der mitgebrachten japanischen Generalstabskarte nicht eingetragen sind. In südöstlicher Richtung erblickt man den Ninaff und Cincan, mehr nach Süden hin den Hassumbuto und Heismat, alles Berge in durchschnittlicher Höhe von 3500-4000 m., nach Norden die Berge Hatuk, Mamango und die etwas näher liegenden Hattatan, Tiboan und Cisoque. Nach Westen begrenzte der Wald die Aussicht. In südlicher Richtung vor uns haben wir die weit ausgedehnten mächtigen Tannenwaldungen des Niitakayama, dessen vorderste Spitze, nach dem ersten Besteiger von mir Saito-Spitze genannt, hinter den Waldungen hervorragte, während die höchste Spitze von hier noch nicht sichtbar ist.

Von der Spitze des Pattakwan aus führte der Weg zunächst auf graslosen Fusspfaden, die sich durch das gewellte Terrain des Hochplateaus hindurchschlängelten. Die Wilden brannten hier wiederholt das Gras an, das bei der Sonnenhitze (20° Celsius) auf weite Flächen hin sich entzündete.

So erreichten wir in einer Höhe von 3200 m. den obersten Tannenwald. Mächtige vom Sturm entwurzelte Baumstämme von 1-2 m. Dicke lagen quer im Wege; über sie hinweg und unter ihnen hindurch kletterten wir immer weiter empor. Diese Waldesstille wurde nur unterbrochen durch das geheimnisvolle Rauschen des Windes und gelegentliches Abbrechen eines dürren Astes. Unter uns bemerkten wir ein grosses Feuer, welches eine ungeheure Ausdehnung bis nahe an den Waldrand genommen hatte. Zwischen den Bäumen lag der Schnee 1 $^{1}/_{2}$ - 2 Fuss hoch. Auf die zahlreichen Hirschspuren, vor denen unsere Wilden öfters stehen blieben, machte man mich wiederholt

Oestlicher Rücken des Mt. Morrisongebirges mit der Saitospitze

aufmerksam. Mit dem Mauserkarabiner feuerte ich des öfteren auf weite Entfernungen auf ein von ihnen bestimmtes Ziel.

So erreichten wir mit Mühe den östlichen Rücken des Mt. Morrison Gebirges. Hier wurde der Schnee tiefer und die Bäume machten einen trostlosen Eindruck. Hunderte von Baumriesen starrten kahl ohne jedes Leben mit vermoderter Rinde in die Lüfte. Wir waren nun in einer Höhe von 3700 m. und schlugen auf einem sehr steilen, nach Westen fast senkrecht 1000 m. abfallenden Grat weitergehend, eine mehr westliche Richtung ein. Dieser Grat war teilweise mit Schnee bedeckt, und dazwischen ragten die scharfen Kanten des Schiefergesteines hervor.

Es mochte 10 Uhr gewesen sein, als wir am Fusse der Saito Spitze, die oben auf der nördlichsten Seite eine Terasse bildet, anlangten. Es ist ein mächtiger, wohl 200 m. hoher Felsen ohne jede Vegetation. Der Schnee war hier

Schiefergestein unterhalb der Saitpositze

geschmolzen; denn die Sonnenstrahlen brachen sich an der Felswand und strahlten die Wärme zurück. Hier wuchsen auch einige Stachelsträucher, vereinzelte Gräser und Flechten nicht unähnlich der alpinen Vegetation. Wir machten Halt, und die drei älteren Wilden Ebi, Ibi und Wishian lagerten sich am Fusse dieses mächtigen Felsens, während ich mit den beiden jüngeren, Hussung und Biong, die Besteigung wagte. Zunächst wollte ich direkt an der Nordseite in die Höhe klimmen, sah aber bald die Unmöglichkeit meines Vorhabens ein und wählte infolgedessen den Weg an der Ost-und Südostseite, welcher nach schwierigem Klettern zunächst auf die Saito-Spitze führte, die nach meiner Messung 3870 m. hoch ist. Diese Spitze wurde von den Japanern nahezu 500 m. höher und auch als die höchste Spitze angegeben, was jedoch beides nicht richtig ist, da der Mt. Morrison noch zwei weitere nach Süden gelegene Kuppen besitzt. Die Saito Spitze türmt sich pyramidenförmig auf, indem lose Schiefergesteine übereinandergehäuft sind. Hier ober fand ich unter einem Steine die zerrissene japanische Flagge und Flaggenstange aus Bambus des Leutnants Saito, des ersten Besteigers.

Saito führte mit Professor Honda, an dessen Expedition er teilnahm in der japanischen Presse einen Streit bezüglich der Ehre, die Honda allein für sich in Anspruch nehmen wollte. Offenbar ist Honda, wie ich auch durch Gespräche mit den Wilden in Erfahrung bringen konnte, nur bis auf den östlichen bewaldeten Rücken des Niitakayama gekommen, da er von der Malaria befallen, umkehren musste. Auch Saito hat die höchste südöstliche Spitze, die von mir, wie wir weiterhin sehen werden, zum ersten Mal bestiegen wurde, nicht erklommen. Mit den Wilden leerte ich oben die Kakao-Flasche, worauf ich einige an den Deutsch-Oesterreichischen Alpenverein gerichteten Zeilen deponierte, die später durch den japanischen Landrat Kumagai aufgefunden und mir durch Hern Dr. Müller vom deutschen Konsulat in Twatutia wieder zurückgesandt wurden. Die alte japanische Flagge nahm ich an mich und ersetzte sie durch eine neue.

Auf dieser Spitze, die auf der Vorderseite eine Terasse hat, verblieben wir längere Zeit und die Aussicht, die sich uns hier oben bot, war eine noch schönere, als die bereits eben beschriebene von der Pattakwanspitze. Wir konnten jetzt hier oben bei fast wolkenlosem Himmel den ganzen Mt. Morrison Stock übersehen. Nach der Beschreibung des Professors Honda und auch der des Landrats Kumagai war die Saitospitze als die höchste Erhebung dieses Gebirgsstockes betrachtet worden. Wahrscheinlich scheint dies darauf zurückzuführen zu sein, dass die genannten Herren bei bewölktem Himmel die Besteigung ausführten, wobei sie die südlichste, höhere Spitze des Mt. Morrison Höhenzuges übersehen haben mussten.

Nach Westen erblickten wir den Pattakwan Omen, welcher in unmittelbarer Nähe nur durch eine schmale Thaleinsenkung vom Mt. Morrison getrennt, sich direkt von der Thalsohle nahezu 3600 m. kegelförmig erhebt und dessen Tannenwaldungen in regelmässig scheinenden Beständen bis zur höchsten Spitze ohne Lücke die Bergwände bekleiden. Nach Westen war das Meer durch einen Nebelstreifen verdeckt, während die Vorberge des Mt. Morrison, die mehrere 100 m. niedriger erschienen, ziemlich klar und deutlich vor uns lagen.

Alsdann beeilten wir uns zu den übrigen an dem Fusse der Saito-Spitze lagernden drei Wilden zurückzukehren. Es wurde nun eine Flasche Sekt, die wir vorher in den Schnee steckten, geöffnet. Mit neugierigen Blicken verfolgten mich meine treuen Begleiter, als ich ihnen durch Gebärden zu verstehen gab, dass dieses Getränk besser sei als ihr aus Hirse zubereiteter Napus. Jeder bekam sein Teil und als der Vorrat zur Neige ging, tat der eine Wilde noch etwas Schnee hinzu. Der Stammälteste wies mit dem Finger nach der Saito-Spitze und bezeichnete sie als "Stoepi-San". Diese Bezeichnung liess ich jedoch nicht gelten, sondern erinnerte ihn an den Namen des Leutnant «Saito» als den ersten Besteiger.

Meine Begleiter zeigten keine Lust noch länger hier oben zu weilen, doch wähnte ich mich noch nicht am Ziele meiner Besteigung, solange nicht auch die höchste Spitze von mir bewältigt war. Dieselbe liegt in südlicher Richtung von der Saito Spitze und ist mit ihr durch einen dazwischenliegenden Buckel verbunden. Ueber die scharfen Thonschiefergesteine hinwegkletternd, erreichten wir sie nach einer letzten, kurzen Kletterpartie. Hier oben scheint noch kein menschlicher Fuss gewandert zu sein. Auch die Eingeborenen kommen nie auf diesen Teil des Berges. Mein dort oben unter einem Steine deponiertes, in schwarzweiss-roten Farben gehaltenes Taschentuch wartet immer noch darauf, heruntergeholt zu werden. In einer Höhe von 4050 Meter war ich am Endziel meiner Reise angelangt. Nach dem Stande der Sonne mochte es wohl 1 Uhr gewesen sein. Ein leichter Nordostwind fegte über die aufgetürmten Steine aus Thonschiefer und einzelne kleine Wolken glitten in unmittelbarer Nähe über die Bergabhänge dahin. Ich hielt es jetzt für Zeit aufzubrechen, um nicht im Dunkeln in unserem Lager unten anzukommen. So ging es dann auf dem Wege, auf dem wir den Berg erklommen hatten, wieder zurück, zunächst im Schnee, in dem sich zahlreiche Hirschspuren von ausserordentlicher Grösse vorfanden. Schon nach $^3/_4$ Stunden waren wir wieder im Tannenwald. Das Thermometer zeigte 23° Celsius. Zufällig fand jetzt einer meiner Begleiter zwischen Schnee und Moos ein abgeworfenes Hirschgeweih und überreichte es mir. Es war bereits mit Moos überwachsen. So erreichten wir in einer Höhe von 3200 m. das obere Ende des Tannenwaldes. Unter uns begannen die weit ausgedehnten Grasflächen, die durch das am Vormittag von den Wilden angezündete Feuer geschwärzt waren und teilweise noch glimmten. An einer Pfadkrümmung stand eine mächtige etwa 70 m. hohe Tanne, deren Stamm unten teilweise verkohlt war und in dessen unterem Ende über der Erde eine Höhlung sich befand, welche von den Eingeborenen als Feuerstätte benutzt wurde, da sie ihnen mehr Schutz gegen den über die Hochfläche fegenden Wind bot.

Auf der Pattakwan Spitze wieder angelangt, machten wir eine kurze Rast. In Reihenmarsch ging es nun weiter bergabwärts. Die Sonne stand bereits so tief, dass ihre Strahlen uns nicht mehr erreichen konnten. Wir befanden uns jetzt im unteren Tannenwald kletterten vorsichtig über Felsen, querliegende Baumstämme und Wurzeln die Schlucht herunter zu unserer des Morgens verlassenen Lagerstätte, und wurden dort von dem zurückgelassenen Chinesen freudig begrüsst. Am liebsten wäre ich noch in derselben Nacht nach Tombo zurückgekehrt, musste aber wegen der hereinbrechenden Dunkelheit hier in der Hütte übernachten. Die Nacht war kalt und das Thermometer stand um 5 Uhr morgens einige Grade unter Null.

**Dienstag den 27. Dezember.**

Um 7 1/2 Uhr brachen wir auf und erreichten in der besten Stimmung und unter Singen und Scherzen die Pattakwan-Wasserscheide, deren weite Grasflächen von der Morgensonne bestrahlt wurden. An den Grashalmen hingen perlende Tautropfen. Es war ein herrlicher, frischer Morgen. Die Temperatur war inzwischen auf 10° C. gestiegen. Bevor wir hinabstiegen, machten wir noch einmal eine kurze Rast, um von den Bergen und der in weiter Ferne sichtbaren Saito Spitze für immer Abschied zu nehmen. In grösster Eile wurden alle bisher so schwierigen Hindernisse mit Leichtigkeit überwunden. Und früheren Spuren folgend, erreichten wir unsere alten Lagerstätten, in denen ich mich so heimisch gefühlt hatte.

Als ich hier kurze Rast machte, und mich auf ein Lager von dürrem Bambusrohr ausstreckte, tauchte plötzlich eine fremde Gestalt vor mir auf, die mich mit neugierig fragenden Blicken ansah. Es war einer der zwei Eingeborenen des Tombo Stammes, die uns der Häuptling entgegengesandt hatte. Ich hatte jetzt die Begleitung von 7 Eingeborenen und so erreichten wir jene heisse Quelle im Fluss, von der ich schon gesprochen habe.

Nach allen überstandenen Strapazen konnte ich es mir nicht versagen, ein erfrischendes Bad zu nehmen und suchte mir eine geeignete Stelle, an der sich das kalte Gebirgswasser durch den Zufluss des heissen Quellwassers angenehm gemässigt hatte. Während meine Begleiter sich mehr im kalten Wasser aufhielten, goss ich mir mit einer Blechbüchse das heisse Wasser über den Rücken, den ich mir dabei stark verbrühte. Meine weisse Hautfarbe schien die besondere Aufmerksamkeit der Wilden zu erregen, da sie meinen Körper neugierig betasteten.

Gegen Abend erreichten wir dann endlich wieder Tombo und wurden von Allen mit grosser Freude empfangen. Bei jener alten Frau erkundigte ich mich nach ihrem an Malaria erkrankten Kinde. Diese berichtete mir mit freudestrahlenden Augen dessen Genesung. Das ganze Dorf schien sich für den nächsten Tag für unsere Rückreise zu rüsten. Auch mich zog es wieder in die Kulturwelt zurück und besonders konnte Herr Greiner, der die ganze Zeit über vom Hexenschuss geplagt in Tombo geblieben war, den Tag der Rückkehr nicht erwarten.

**Mittwoch, den 28. Dezember.**

Schon in der Frühe um 8 Uhr war alles zum Aufbruch bereit. Der Weg führte uns diesmal längs des Tomboflusses nach Chip-Chip aber unserem Versprechen, den Häuptling der Horsialeute Moro-auf dem Rückwege aufzusuchen, war nicht möglich nachzukommen, da fast das ganze Dorf Tombo mich begleiten wollte und die einzelnen Stämme der Wilden sehr ungern die Gebiete anderer betreten.

Kurz vor dem Abmarsche fingen einige von den älteren Eingeborenen unter allgemeiner lärmender Beteiligung der anderen Dorfbewohner zwei fette Hausschweine ein, fesselten sie an den Füssen mit Bambusstricken und hängten sie dann an einem Tragholz von Bambus auf, dass sich die Tiere, den Rücken nach unten und die Füsse nach oben, nicht mehr rühren noch rappeln konnten. Dem einen Häuptling, der zurückblieb, schenkte ich zur Erinnerung meine Torpedopfeife, ausserdem versprach ich ihm das gewünschte rote Unterfutter, das stets als eine Auszeichnung unter den Wilden für besonders geleistete Dienste gilt, in Linkipo zu kaufen und ihm durch seine Landsleute zustellen zu lassen.

Der Stammälteste des Tombostammes Noisi wollte es sich nicht nehmen lassen, trotz seines hohen Alters und seiner schwachen Füsse (er mochte etwa 60 Jahre alt sein) mich zu begleiten. Von einem kräftigen Tombo-Manne wurde er während der ganzen Reise getragen und zwar so, dass er auf einem von den Wilden selbst konstruierten Tragstuhl sass, den sich der Träger auf den Rücken geschnallt hatte. So begleitete uns etwa das ganze Dorf, Frauen, Kinder und halbwüchsige Burschen. Es ging im Reihenmarsch, wobei die Schweineträger an der Spitze marschierten, längs des Flusses hin, teils diesen auf schmalen, halsbrecherischen und aus primitiven Aesten zusammengezimmerten Brücken überschreitend, teils ihn durchwatend. An den tieferen Stellen, an denen den Wilden das Wasser oft bis an die Hüften reichte, trugen sie mich in einem Tragstuhl hinüber, der ähnlich, wie der des Stammältesten konstruiert war, wobei noch meine Beine in das Wasser reichten. Auch die Bewohner des Dorfes Saigo hatten es sich nicht nehmen lassen, mir nochmals Lebewohl zu wünschen. Sie wollten sich mir anschliessen, doch lehnte ich das Anerbieten dankend ab mit dem Hinweis, dass sie doch besser zurückblieben und sich nicht unnötiger Weise diesen Strapazen auszusetzen brauchten; die ihnen versprochenen Geschenke würde ich ihnen durch ihre Stammesgenossen zukommen lassen.

Immerhin hatte ich noch eine sehr stattliche Begleitung, die aus 30 Männern und 7 Frauen bestand. Nur sehr langsam bewegten wir uns fort, besonders hatten die Wilden, die mit den Schweinen beladen waren, sehr unter der drückenden Hitze zu leiden. Gegen 10 Uhr vormittags machten wir eine Frühstückspause und passierten bald darauf die Stelle, an der sich die Pfade nach Sotkuram, Horsia und Namakama abzweigen. Das Flussbett wurde hier immer breiter und die Steine, welche den Lauf des Flusses begleiteten, kleiner. Der Weg kam uns nur deshalb so lang vor, weil er uns immer in Zickzacklinien, den bequemen Stellen folgend, durch die Geröllmassen hindurchführte und dieses Klettern zwischen den Wasserarmen unser Marschtempo natürlich sehr verzögerte. Kein menschliches Wesen liess sich blicken. Es begegnete uns nur ein wilder Jäger, der sich von Chip-Chip nach seiner Heimat zurückbegab. Er wich uns auf eine Entfernung von 30 m. scheu aus, scheinbar keine Notiz von uns nehmend, erst als die Tomboleute ihn anriefen, kam er zu uns herüber. Wir erkundigten uns nach dem Wege, den er uns näher bezeichnete. Gegen Abend bauten wir uns auf der linken Seite des Flusses nicht weit vom Waldesrand im Flussbette eine Hütte. Kurz zuvor verschwanden plötzlich an den steilen Flussabhängen im hohen Kajasgrase einer frischen Wildspur folgend 2 Tombojäger. Als ich mich gerade in Gesellschaft des Dolmetschers mit dem Abkochen eines Stückes mitgebrachten Wildschweinfleisches beschäftigte, kamen jene beiden schwer mit Jagdbeute beladen triumphierend auf mich zu; in wenigen Minuten hatten sie eine Gemse, Yamashika genannt, und einen Fasan erlegt. Dieser war dem chinesischen sehr ähnlich und hatte um den Hals einen weissen Ring, die Beine waren rot, die übrigen Federn grünlich blau. Die Wilden gaben ihn mir als Geschenk, während sie sich selbst mit dem Zerlegen der Gemse beschäftigten. Diese war an Farbe unserem Reh sehr ähnlich, nur hatte das Gehörn die Form von Gemskrickeln. Interessant war es, die Wilden dabei zu beobachten. Der Jäger selbst zog zunächst mit seinem Schwertmesser kunstgerecht das Fell ab, welches auf mehrere Hölzer zum Trocknen aufgespannt wurde. Da ich wusste, dass die Eingeborenen stets selbst die Köpfe des erlegten Wildes aufbewahren, so ersuchte ich den Häuptling mir wenigstens das Gehörn zu überlassen, was dieser dann auch etwas zögernd tat. Während mein chinesischer Koch den Fasan zubereitete, bat sich der Wilde seinerseits den Kopf des Fasans aus. Hieran knüpft sich ein bestimmter Aberglaube: es soll nämlich derjenige, welcher das Gehirn dieser Vögel, wie Fasanen, Tauben etc. geniesst, bei der Jagd von besonderem Glück begünstigt sein.

Das abgehäutete Stück Wild wurde nun in Stücke zerteilt und jedem seine Portion zur Mahlzeit überwiesen. Die Eingeweide werden fortgeworfen, die edleren Teile, Herz, Leber, Lunge etc. mit ausgeteilt. Der Jäger selbst fing mit hohler Hand das Herzblut auf, welches er mit Wohlbehagen schlürfte, wobei sich sein Gesicht von dem genossenen Getränk ganz rot färbte. Auch hier besteht der Glaube, dass dieser Genuss ihm leichter auf die Spur des Wildes verhilft und ihn besser «sehend» macht.

Unterdessen war das Nachtessen zubereitet und so legten wir uns sehr früh zur Ruhe, um wegen der Tageshitze die kühlere Mondscheinnacht zum Marsche zu benutzen.

**Donnerstag, den 29. Dezember.**

Wir brachen früh um 4 Uhr auf. Der Mond im abnehmenden Viertel wies uns freundlich den Weg. Die uns bereits bekannte Pepura-Schlucht ward zur linken Seite passiert. Wir befanden uns jetzt wieder in vollkommen fremden vorher nicht betretenem Gebiete. Noch mehrmals den Fluss überschreitend, erreichten wir kurz nach 8 Uhr bei Aufgang der Sonne das von Bambushecken eingefasste Dorf Teaka, das aus einigen von Chinesen bewohnten Hütten bestand. Wir hatten also jetzt schon das eigentliche Waldgebiet verlassen und kamen nun in den Bereich, in welchem sich die chinesische Kultur ausgebreitet hat, denn das vom Flusse abgewonnene Terrain war hier künstlich gegen die vom Flusse mitgeführten Geröllmassen durch primitive, lose aufgerichtete Mauern geschützt, welche das mit Gemüse etc. bepflanzte Gärtchen umgaben.

Nachdem wir Teaka verlassen hatten und das uns endlos scheinende Steinbett des Flusses hinter uns lag, betraten wir das Flussufer und erklommen auf einem ziemlich breiten Pfade einen 150 m. hohen Berg. Von dort aus sah man eine grössere chinesische Ansiedelung in der Tiefe und zu beiden Seiten des Weges von den Chinesen bebaute Aecker. Es war gegen ½ 9 Uhr, als wir wieder zu dem Chip-Chip-Flusse hinabstiegen. Vor uns lag das chinesische Dorf Kuano, rings von einem Bambussaum umgeben. Alles geriet bei unserem Herannahen in Aufregung. Der Tautai kam uns entgegen und führte uns zunächst mitten in das Dorf zu einem Tempel, an dessen Thore rechts und links zwei fratzenhafte buddhistische Götzenbilder standen. Hier wurden wir zunächst von den Chinesen mit Thee bewirtet. Bald hatte sich eine neugierige Menge angesammelt, die uns erstaunt anstarrte, da sie ja hier alle ihre Feinde, Japaner, Wilde und Europäer vereint vor sich sahen. Ueberall starrte es vor Schmutz und in der Nähe des Tempels prangte ein mächtiger Düngerhaufen. Obwohl hier die Wilden einen längeren Aufenthalt nehmen wollten, drängte ich zum Aufbruche. Direkt vor dem Dorfe gelangten wir wieder an das Flussbett. Hier hatte unser alter Freund, der Chip-Chip-Fluss, den Charakter eines wilden Gebirgstromes angenommen. Die schmutzig gefärbten Fluten schossen, da das Gefäll ein ziemlich starkes war, mit einer grossen Geschwindigkeit vorbei. In seiner Breite mochte er etwa 100 m. messen, während das gesamte Flussbett auf 4-500 m. zu taxieren sein dürfte. Unsere Karawane geriet hier in grosse Verlegenheit, denn es gab weder Steg noch Boot, um das jenseitige Ufer zu erreichen. Die Chinesen begegneten uns sehr unfreundlich und ihre Angabe, als wir sie um ein Boot zum Uebersetzen baten, dass sie keins hätten, schien weniger auf Wahrheit, als auf Böswilligkeit zu beruhen, da sie uns Verlegenheiten bereiten wollten Aber bald entdeckten wir auf der anderen Seite des Flusses ein Floss und schnell sprangen einige Eingeborene in die Fluten und hatten binnen kurzem das Fahrzeug herübergeholt. Da nun jedesmal nur drei Mann auf dasselbe gingen, so dauerte das Uebersetzen ziemlich lange. Die grösste Furcht hegte ich für unser Gepäck und meine photographischen Aufnahmen, denn da das Floss unter Wasser kam, so bestand eine grosse Gefahr, dass alles nass würde. Zwei Eingeborene schwammen neben dem Flosse her, während einer sich mit dem Gepäcke darauf setzte. Als letzter fuhr ich hinüber und war herzlich froh, dass alles ohne Unfall verlief. Am anderen Ufer wurde nun eine kleine Rast gemacht und dann setzten wir in dem sich immer mehr verbreiternden Flussbette, das im trockenen Teile einer kleinen Steinwüste glich, die Reise weiter fort.

Es war der anstrengendste Tag der ganzen Tour. Die tropische Sonnenhitze steigerte sich in diesem Thale, dessen Boden mit zahlreichen Steinen und trockenem Flusskies bedeckt war, bis zur Unträglichkeit. Auch die Wilden waren nur schwer vorwärts zu bringen und machten des öfteren Halt; besonders die Lastträger hatten schwer zu leiden. Ich musste sie immer wieder von Neuem anfeuern und geriet auch mit meinem Begleiter, Herrn Greiner, in eine ärgerliche aufgeregte Stimmung, wobei ich nur das eine Ziel baldmöglicht nach Chip-Chip zu gelangen im Auge hatte. Endlich verliessen wir nach stundenlanger Wanderung das Flussbett. Ich hatte einen bedeutenden Vorsprung und war nur von zwei Wilden begleitet. Rechts und links des Weges erschienen jetzt zahlreiche Zuckerrohrfelder, zuweilen auch einzelne chinesische Gehöfte, deren Bewohner scheu und furchtsam bei unserem Anblicke entflohen. Besonders die Frauen waren es, die hier wie auch in Shantung eine grosse Angst vor einem Europäer haben, von denen ihnen erzählt wurde, dass sie kämen die Kinder zu ermorden, die Frauen zu notzüchtigen etc. Mittlerweile litten wir starken Durst, meine Begleiter suchten ihn sich durch Betelnusskauen zu vertreiben, ich selbst erfrischte mich an dem Marke eines frischen Zuckerrohres. Auch auf diesem Wege erlegte ich einige Wildtauben und gelangte um 2 $\frac{1}{2}$ Uhr nach Chip-Chip, einer Stadt von 3000 Einwohnern mit einem japanischen Gendarmerie-Posten und japanischer Militärstation.

Bei einem chinesischen Händler machte ich Rast und erquickte mich zunächst mit einigen Flaschen Bier. Nach und nach kamen auch Herr Greiner und die übrigen Nachzügler auf das äusserste erschöpft in Chip-Chip an. Wir waren jetzt etwa nur noch 420 m. über dem Meeresspiegel. Nachdem ich mich bei der Präfektur angemeldet hatte, zogen wir nach einem japanischem Hôtel, während die Wilden, da in diesem kein Platz mehr war, bei einem Kampferhändler untergebracht wurden. Hier in Chip-Chip hat auch ein Deutscher, namens Mannich, längere Jahre ein sehr lukratives Kaufmannsgeschäft mit Chinesen wie mit Eingeborenen betrieben, gab aber bei Besetzung der Insel durch die Japaner seine Geschäfte auf.

Im japanischen Hôtel, wo wir übernachteten, erhielten wir den Besuch eines japanischen Gendarmerie-Offiziers, der uns über die jüngste Rebellion und sonstige Neuigkeiten berichtete. So erfuhren wir unter anderem, dass in der auf dem Rückwege wieder zu passierenden Stadt Taichu, die Pest ausgebrochen sei.

**Freitag, den 30. Dezember.**

Nach erquickendem Schlafe verliessen wir schon Freitag früh Chip-Chip, nachdem uns zuvor der Gendarmerie-Offizier nochmals einen Besuch abgestattet hatte. Wir bekamen etwa 20 japanische Soldaten zur Bedeckung, denn wir befanden uns jetzt wieder im Rebellengebiet, ausserdem hatten wir einen Krankentransport aufgenommen, der nach dem Lazarett nach Linkipo abzuliefern war. Wir selbst benutzten chinesische Tragstühle. Diese sind geschlossen und gestatten nur nach vorne und an den rechts und links angebrachten Oeffnungen einen Ausblick in's Freie. Die Waffe hatte ich immer schussbereit, denn es gehörte nicht zu den Seltenheiten, dass die Insurgenten sich gerade Krankentransporte zu Ueberfällen auswählten. So passierten wir nur wenige Minuten vor der Stadt ein kleines Gräberfeld, das durch ein grosses Denkmal gekennzeichnet war, weil dort erst kürzlich 14 japanische Gendarme von den Aufständischen niedergemacht worden sind.

Den Chip-Chip Fluss hatten wir inzwischen wieder erreicht und mussten ihn mehrere Male kreuzen, aber zum grossen Teile führte der Weg in seinem Bette entlang, das hier verschiedene Zuflüsse hat. An einer Stelle, wo der Fluss sehr breit wird, wurde in einem Boote übergesetzt. Es war ein heisser, fast unerträglicher Tag. 3-4 km. vor Linkipo lagen zerstreut einzelne von Chinesen bewohnte Gehöfte, die von hohen Bambusstauden eingefasst waren. Knisternd stiessen sie mit den Aesten, auf denen zahlreiche Wildtauben besonders aber die oben geschilderten Papagaitauben sassen, gegeneinander. Wir erreichten Linkipo um 12 $\frac{1}{2}$ Uhr und hatten eine Entfernung von 20 km. in 5 Stunden zurückgelegt. Der Subpräfekt und die Wilden des Arisoastammes grüssten uns bei unserer Ankunft.

Letzteren sowie meinen Begleitern den Tomboleuten gab ich ein grosses Freudenfest und verteilte unter sie die versprochenen Geschenke, die in roten und blauen Tuchstoffen, Salz und sonstigen Bedarfsartikeln bestanden; Ibi erhielt ein rotes Tuch, während Hussung meine bis dahin selbst getragenen wollenen Strümpfe bekam. Ausserdem kaufte ich für sie mehrere Gefässe voll Schnaps und bald ertönte der Gesang ihrer melodischen Kriegslieder. Ich selbst nahm meine zurückgelassenen Wertgegenstände wieder in Empfang und nachdem ich einige photographische Aufnahmen hatte entwickeln lassen, trafen wir Vorbereitungen zur Rückkehr nach Twatutia. Den Erfolg meiner Tour hatte ich bereits an den dortigen deutschen Konsul, Herrn v. Varchmin, telegraphisch gemeldet. Die Wilden tauschten sich bei den Chinesen für ihre mitgebrachten Schweine und Bananen Pulver und sonstige Artikel ein. Der Verkauf des Pulvers erfolgt natürlich ohne Wissen der japanischen Behörden, welche wie ja begreiflich den Eingeborenen möglichst allen Schiessbedarf vorenthalten. Die Wilden vom Arisoa- und Tombostamme waren noch bis tief in die Nacht hinein in der lebhaftesten Stimmung.

**Sonnabend, den 31. Dezember.**

Um 8 Uhr früh verliessen wir Linkipo, nachdem wir uns von den japanischen Beamten des Präfekturgebäudes, Ishida und Jezuda verabschiedet hatten. Die beiden Stämme mit ihren Häuptlingen bildeten rechts und links des Weges Spalier. Alles verbeugte sich bis auf die Erde und bat mich doch recht bald wiederzukommen. Wir hatten 5 Tragstühle und etwa 12 japanische Soldaten als militärische Bedeckung. Den Chip-Chip Fluss mussten wir auch hier in einem Boote übersetzen und erreichten so gegen 10 Uhr Poatau, wo wir in unserem alten Absteigequartier einkehrten. Hier feierten wir Sylvester Abend und die letzte Flasche Sekt wurde auf ein glückliches neues Jahr geleert.

**Sonntag, den 1. Januar 1899.**

Da wir uns schon sehr früh niedergelegt hatten, brachen wir in aller Frühe bei hellem Mondscheine auf. Es war ziemlich kühl. Ueberall herrschte vollkommene Ruhe, im Dorfe schien noch alles zu schlafen. So ging es an verschiedenen von undurchdringlichen Bambushecken umzäunten Gehöften vorbei. Auf einer hohen Bambusstaude, auf der bereits die aufgehende Sonne mit ihren goldenen Strahlen ruhte, sassen etwa ein Dutzend Wildtauben im tiefsten Schlafe. Zwei wohlgezielte Schüsse brachten mehrere davon herunter. Ueberhaupt waren wir an diesem Tage vom Jagdglücke besonders begünstigt. Zahlreiche Bekassinen, Reisvögel und weisse Reiher wurden noch erlegt.

In Taichu kehrten wir in einem japanischen Theehause ein, statteten dem englischen Missionar Dr. Moody einen Besuch ab und der in japanischem Polizeidienst stehende Russe Aminoff ersuchte uns, die Nacht bei ihm zuzubringen, was wir bereitwilligst annahmen. Ganz in der Nähe des Hôtels, wo wir unsere Sachen untergebracht hatten, herrschte die Pest.

**Montag den 2. Januar.**

In der Frühe brachen wir auf gemieteten Feldkarren nach Honlotun wieder auf. Es war kalt, windig und neblig.

**Dienstag, den 3. Januar.**

Am folgenden Tage ging es, da für unsere Tragstühle keine chinesischen Kulis zu haben waren und wir nur stellenweise die Feldbahn benutzen konnten, zu Fuss weiter. In dem Theehaus von Mali, wo wir auch auf dem Hinwege vor fast 4 Wochen übernachteten, nahmen wir wieder Quartier. Die Insurgenten der Gegend hatten sich offenbar noch nicht beruhigt denn immer wieder wurden neue Ueberfälle gemeldet.

**Mittwoch, den 4. Januar.**

In der Frühe brachen wir nach Teksham auf und wählten diesmal den Weg längst der Küste. Diese ist hier ohne jede Bucht, sehr flach und von einer sandigen Dünenzone begleitet. Grosse Dampfer können überhaupt nicht heran, und daher wird der Verkehr hier durch chinesische Dschunken und Fischerboote vermittelt. Es war gerade zur Zeit der Ebbe und der Strand mit Seesternen, Krebsen und Fischen übersät, die für die hier zahlreichen formosanischen Reiher eine vorzügliche Mahlzeit abgaben. Des öfteren mussten wir Meeresarme durchwaten, wobei das Wasser unseren Kulis bis zur Brusthöhe ging. So passierten wir einzelne Fischerdörfer und erreichten bei Sonnenuntergang das uns von früher bekannte Teksham.

**Donnerstag, den 5. Januar.**

In der Frühe um 9 Uhr ging es auf dem Tragstuhl nach jener Bahnstation jenseits des Kuhangflusses, wo die Eisenbahnbrücke durch einen Taifun zerstört worden war. Hier begegneten wir auch dem Gendarmerie-Oberst von Taichu, der sich eingehend nach unserer Reise erkundigte. Die Eisenbahn brachte uns dann in einigen Stunden nach Taipeh und eine Stunde später befanden wir uns wieder im deutschen Konsulate, wo uns die Herren v. Varchmin, und Dr. Müller in der liebenswürdigsten Weise begrüssten. Ich wurde auch zum japanischen Generalgouverneur Baron Kodama eingeladen und erstattete ihm sowohl wie am darauffolgenden Tage auf dessen ausdrücklichen Wunsch dem japanischen Offiziersverein einen ausführlichen Bericht über den Verlauf meiner Expedition.

Wenn ich nun zum Schlusse meine Meinung abgeben soll, welchen Wert die Insel als Kolonie speziell für die jetzigen Besitzer die Japaner darstellt, so kann ich ihr nur eine günstige Aussicht prophezeien. Allerdings war man anfangs anderer Ansicht. Vor 10 Jahren, als Formosa als Beute des japanisch-chinesischen Krieges ein Teil des japanischen Reiches wurde, waren ernstliche Bedenken wegen der wirtschaftlichen Zukunft der neuen Kolonie entstanden. Doch mit dem Niederwerfen der chinesischen Rebellen und Wiederherstellung geordneter Zustände ist es den Japanern gelungen die von Natur so reich ausgestattete Insel als wertvollen Besitz ihrem Lande anzugliedern.

Das japanische Volk hat nun gezeigt, dass es auch auf geistigem Gebiete fähig ist, seine eigenartige Kultur der europäischen teilweise anzupassen. Dies gilt besonders in militärischem und wirtschaftlichem Sinn.

Die japanische zielbewusste Politik kennt keine Zersplitterung seiner Kräfte nach aussen. Sie ist mehr intensiv und zeichnet sich besonders durch richtiges Erkennen und Festhalten der Hauptinteressen aus, die sie mit allen zur Verfügung stehenden Kräften zäh zu verteidigen weiss. Kurzum Japan hat bis jetzt den Beweis geliefert, dass auch eine asiatische Nation im Stande ist, nicht nur einen Staat im modernen Sinne zu bilden sondern auch zu verteidigen.